PETER HOFBAUER

DAS GLÜCK IST EIN VOGERL

PETER HOFBAUER

DAS GLÜCK IST EIN VOGERL

Der Schlüssel zur Wiener Seele

AMALTHEA

Inhalt

Vorwort

Mit diesem Buch will ich einiges von dem in Erinnerung rufen, was in der Zeit der Globalisierung mehr und mehr unserem Blick zu entschwinden droht: das unverwechselbare Wesen, Temperament und Lebensgefühl einer Stadt und seiner Bewohner, seine ureigene Art, zu sprechen und zu singen, zu denken und zu fühlen, zu handeln und zu unterlassen. Zum Thema »Unterlassen« hat Egon Friedell so treffend bemerkt, dass man in Wien auch dadurch berühmt werden kann, indem man etwas auf auffällige Art *nicht* tut. Handeln durch Nicht-Handeln gilt in der Bundeshauptstadt Österreichs als ein anerkannter Führungsstil, getragen von der Hoffnung, dass sich die Probleme im Lauf der Zeit von selbst erledigen. Und wenn man schon den Ehrgeiz hat, Lösungen anzustreben, dann gilt bis heute der wunderbare Satz, den der Kaffeehausliterat und Dramatiker Hermann Bahr schon vor hundert Jahren formuliert hat: »Wer in Wien etwas erreichen will, der darf sich vor allem nicht fürchten.«

Bahr hat sich im Jahr 1907 in einer eigenen Festschrift Gedanken darüber gemacht, wie und vor allem warum »der Wiener« so ist, wie er ist. Heute müsste man sagen: »so war«, denn vieles davon ist nur vor dem Hintergrund der »Donaumetropole« einer habsburgischen Vielvölkermonarchie zu verstehen.

Nach zwei fürchterlichen Weltkriegen haben die literarischen Chef-Ideologen des neuen Österreich-Bewusstseins, allen voran Hans Weigel, als Nebenprodukt ihrer einschlägigen Arbeiten auch die »neue Wienerin« und den »neuen Wiener« beschrieben. Höhepunkt und Abschluss dieser Betrachtungen war das von Hilde Spiel im Jahr 1971 herausgegebene Standardwerk »Wien. Spektrum einer Stadt«. In den vier Jahrzehnten danach ist bemerkenswerterweise nichts Grundsätzliches über Wien und die Wiener veröffentlicht worden, obwohl der gesellschaftliche Wandel in dieser Zeit wesentlich rascher vorangeschritten ist als in den sechzig Jahren davor. Dabei ist die Frage, was von den unverwechselbaren Wiener Wesenszügen überhaupt noch übrig ist, heute aktueller denn je.

Erklärungsbedürftig ist auch die »kleine Philosophie« des Durchschnitts-Wieners – seine Haltung zum Leben und zum Tod, zur Liebe und zur Partnerschaft, zum Essen und zum Trinken, zum Arbeiten und Feiern, zum Leiden und zu den Freuden und nicht zuletzt: zum Glück. Da die Einstellung zu Letzterem ein besonders erhellendes Licht auf den Charakter und die Mentalität der Wiener wirft, habe ich dem Glück – das nach mehrheitlicher Auffassung ein Vogerl ist, das sich rasch wieder verfliegt – nicht nur ein eigenes Kapitel, sondern auch den Titel des Buches gewidmet.

Zu meinem Glück konnte ich mich bei der Arbeit zu diesem Buch der profunden Unterstützung zweier Mitstreiter erfreuen. Mit ihnen verbindet mich die Liebe zu dem, was man Wiener Genre (»Weaner Schan«) nennt: die Gesamtheit der künstlerischen Lebensäußerungen, für die Wien der Nährboden war. Brigitte Sinhuber und Gerry Gam sei herzlich Dank dafür gesagt, dass sie mir in schweren Stunden beigestanden haben – immer dann, wenn ich nahe daran war, vor der Größe und Schwierigkeit der selbst gewählten Aufgabe zu kapitulieren, weil mich das Gefühl überkam, über die »Wiener Seele« zu schreiben, sei wie der Versuch, das Meer auszuschöpfen – ein unerschöpfliches Meer an Gedanken, Worten und Gefühlen. So widersprüchlich diese auch sein mögen, sind sie doch wie gegeneinander verspreizte Stützen, die das Verschiedenartige verbinden und zusammenhalten.

Den statischen Geheimnissen dieses wunderbaren Bauwerks auf den Grund zu gehen, macht die Aufgabe schwierig, dafür aber umso reizvoller. Sie erfordert – wie sich im Zuge dieser Arbeit herausstellen sollte mehr Gewissen als Gewissheit und mehr Herz als Ziel.

Peter Hofbauer, März 2011

So ist er, der Wiener …

Ein Wegweiser durchs Seelen-Labyrinth

Man kann ja
viel über uns sagen.
Und das Meiste davon stimmt.
PETER RUDOLF

Die Suche nach dem, was den Wiener zu einem typischen solchen macht, fällt uns fürs Erste einmal leicht. Denn das Klischee seines Wesens hat er der Welt mannigfach geliefert. Er war von alters her ein Meister des idealisierenden Selbstporträts und der selbstverliebten Nabelschau. Und das ist es auch, was die Wiener Lieder so einmalig macht: dass es da nämlich nicht nur um die Vorzüge einer Stadt geht – wie bei den Hymnen auf andere Metropolen auch –, sondern dass diese Lieder vor Eigenlob nur so strotzen und die unvergleichlichen Qualitäten der Bewohner dieser »einen und einzigen Stadt« im wahrsten Sinn des Wortes in den Himmel heben. Um pars pro toto nur einige Refrainzeilen zu nennen:

I bin a echter Weaner, so noch dem alten Schlag.

oder:

'S Herz von an echten Weaner, des müssen 'S kennen lerna.

oder:

Der Herrgott muaß a Wiener sein.

oder:

Wia ma san, so samma.
Was ma ham, das hamma.
Aba vielleicht bled, des samma ned!

Dieses letzte Lied im Speziellen dürfte den Gerhard Rühm aus den Wiener Dichterkreis rund um H. C. Artmann zu dem Spottgedicht inspiriert haben, in dem es heißt:

Mia san mia
seids ia ia
ia seids ia
und ned mia …
… bleibds ia ia
mia bleib'm mia
owa wia

Nun könnte man es sich auch einfach machen und aus diesen Textbeispielen den voreiligen Schluss ziehen: »So ist er halt, der Wiener: Er leidet unter einer maßlosen Selbstüberschätzung!« Aber so einfach ist das nicht. Der Wiener haut zwar gern auf den Tisch, neigt aber gleichzeitig dazu, sich kleiner zu machen, als er ist. Er ist ein extremer Individualist, versteckt sich aber auch gern in der Masse. Er ist ein Einzelgänger, heult aber immer wieder mit den Wölfen. Er ist und bleibt:

Ein durch und durch widersprüchliches Wesen

Nichts, was über ihn zu sagen wäre, ist nicht schon irgendwo gesagt worden. Und nichts, was über ihn gesagt werden kann, trifft hundertprozentig ins Schwarze. Andererseits: Nichts was über ihn gesagt werden könnte, kann hundertprozentig daneben gehen. Er hat von allem etwas – und jeweils auch vom Gegenteil. Hans Weigel hat in Form eines Gedichtes beschrieben, was es heißt, ein Wiener zu sein:

Wie die Melange – so herb und doch weich
Hunderterlei Charaktere zugleich
Eigentlich traurig, dabei voll Humor
Innerlich ernst, doch ein Lächeln schaut vor

D'raufgängerisch, aber eigentlich scheu
Weltbekannt flatterhaft und trotzdem sehr treu
Bisserl genial, aber auch dilettantisch
Kritisch und spöttisch, mitunter romantisch
Temperamentvoll und trotzdem phlegmatisch
Recht liberal und dabei autokratisch
Niemals pedantisch, doch sehr bürokratisch
Am Staate zweifelnd und doch Patriot
Ein bisserl devot und ein bisserl Despot
Eigentlich ehrlich und doch diplomatisch
Das macht den Wiener beliebt und sympathisch

Ob das den Wiener tatsächlich immer und überall so »beliebt und sympathisch« macht, will ich dahingestellt lassen. Jedenfalls entspricht er nicht dem Klischee, das japanische Touristen von ihm haben, geschweige denn dem Wunschbild, das der Wiener Tourismusverband gerne von ihm hätte.

Die angewandte Relativitätstheorie des Wieners kennt keine Unvereinbarkeit der Gegensätze, weil sie keine Gegensätze kennt, sondern nur die zwei Seiten von ein und derselben Medaille. Wien ist alt und jung zugleich – eine Weltstadt und großes Dorf.
JÖRG MAUTHE

In diesem Punkt waren sich die literarischen Wien-Betrachter der sechziger und siebziger Jahre einig. So befand beispielsweise auch Hilde Spiel in ihrer Abhandlung über das »Wienerische Antlitz« – angelehnt an den Buchtitel »Das österreichische Anlitz« von Felix Salten:

Es hat nicht nur zwei, sondern zwanzig oder gar zweihundert Facetten. Es funkelt in vielen Lichtern. Wäre es dazu noch hart und klar – man könnte es mit einem Diamanten vergleichen. Aber vielfältig geschliffenes Glas hat auch seinen Reiz.

Und an anderer Stelle:

> *Die Wiener sind komplizierte, widerspruchsvolle Leute. Ihre Eigenschaften heben einander auf.*

Wenn ihm zufällig einmal etwas passt, dann passt ihm das gar nicht. Im Winter sehnt er sich nach dem Sommer, im Sommer nach dem Winter. Dazwischen ist er unrund.
Der Zwiespalt beginnt schon bei der Liebe zur eigenen Heimatstadt, die nicht selten an der Grenze zur Verbitterung dahinschrammt. In seiner Eigenschaft als Wiener meinte Helmut Qualtinger:

> *Manchmal frag ich mich: Bin ich ein Wiener oder bin ich ein Mensch?*

Auch Hermann Bahr wurde das Gefühl nicht los, dass man es hier nicht aushalten könne. Woanders aber auch nicht:

> *Hört man den Wiener, so muss hier zu leben ein Fluch sein. Er schimpft, er raunzt, er höhnt, je nach Art. Aber er bleibt. Es scheint, dass er von der so geschmähten Stadt dennoch nicht lassen kann. Und er tut nichts, Wien oder den Wiener, auch nur den Wiener in sich selbst zu verändern. Und wer es versucht, ist sein Feind.*

Über diese Ambivalenz, die natürlich auch den Gegensatz zwischen dem Bewussten und dem Unbewussten ausdrückt, wusste Erwin Ringel Bescheid, wie kaum ein anderer:

> *Da ist auf der einen Seite die Höflichkeit, diese Freundlichkeit, die zur Scheinfreundlichkeit, oder, wenn ich dieses Wort verwenden darf, zur Scheißfreundlichkeit wird, ein »Entgegenkommen«, das sich als ungedeckter Wechsel entpuppt. Hier wird dir alles versprochen, du betrittst das (erste) Zimmer, Hoffnungen werden genährt, aber wenn du weg bist, bist du nicht mehr vorhanden, denkt der Mensch nicht daran, auch nur den kleinen Finger für dich zu rühren.*

Trifft der Wiener auf Gesellschaft, dann blickt er sich erst einmal um, wer sonst noch anwesend ist und wer nicht. Am liebsten ist ihm, wenn alle da sind oder keiner da ist. Aber wenn er einen trifft, den er kennt und mag, dann wird er gefährlich gemütlich und lauert auf den Moment, in dem er seinen Pessimismus loswerden kann. Bevor er aber als personifiziertes Missverständnis verröchelt, verbreitet er großzügig Charme, Schmäh und Schmafu und wickelt sich prophylaktisch das halbe Lokal um den Daumen. Dass er dann am nächsten Tag nicht mehr weiß, wer er ist oder wo er war, macht insofern keinen großen Unterschied, als er das auch am Vortag nicht so genau wusste. Der Wiener Heurigenkabarettist und Spitzbuben-Häuptling Toni Strobl hat das folgendermaßen dargestellt:

> *Wenn dir ein Wiener beim Heurigen das traute Du angeboten hat, kann es passieren, dass du beim nächsten zufälligen Zusammentreffen eine Enttäuschung erlebst. Er könnte dir erstaunt entgegnen: »San 'S antritscht? Glauben 'S, i kann mit alle per Du sein, mit denen i amal Bruderschaft 'trunken hab'?«*

So ist der Wiener … eben auch:

Er ist gemütlich, kann aber auch sehr ungemütlich werden

Die vielzitierte »Wiener Gemütlichkeit« – die gibt es tatsächlich. Aber sie kann von einem Moment auf den anderen ins Gegenteil umschlagen. Auf dem Höhepunkt der Heurigenstimmung ruft des Teufels Inspektor in einem Theaterstück von Fritz Hochwälder:

> *Ich bin Wondrak, der G'müatliche. Und wer's nicht glaubt, dem hau ich den Schädel ein.*

Die »Dämonie der Gemütlichkeit« und einen »Unkrautgarten menschlicher Abgründigkeit«, so nennt es Hilde Spiel in ihrem großen Wien-Buch »Wien – Spektrum einer Stadt«.

Da der Wiener geschichtsbedingt gelernt hat, seine Sträuße mit keinen Geringeren als Tod und Teufel auszufechten, ist er im Laufe der Zeit gelassener geworden, oder abgeklärter. Und deshalb bringt ihn auch nichts so schnell aus der Ruhe. Er ist der Phlegmatiker par excellence und bringt dies auch in seinen Liedern zum Ausdruck:

Mir raubt nix mei Ruah
Des is mei Hamuah
I kenn ka Traurigsein
Trink still mein Glaserl Wein
Und klopft dann und wann
Frau Sorg' bei mir an
Das ändert net mein Sinn
I bleib wia i bin
ALTES WIENERLIED

Aus dieser gleichmütigen Haltung heraus, die an einem Leben jenseits des eigenen Suppentellerrandes nicht sonderlich interessiert ist, erwachsen dem scheinbar gemütlichen Wiener oft unversehens selbstgemachte Probleme. »Wickel«, wie man in Wien nicht nur zu Streitereien, sondern auch zu Schwierigkeiten sagt, die ungefragt ins Leben platzen und vorerst im Bauch unreflektiert eine Zeitlang vor sich hingären, ehe sie an den Kopf weitergeleitet werden. So entstehen dann Vorurteile, Jähzorn und Griesgrämigkeit, also eher lebensverkürzende Begleiterscheinungen eines angestrebten Lebens in Beschaulichkeit.
Also stellen »Wickel«, auch »Bröseln« genannt, die vom Bauch in den Kopf vordringen, eine ernsthafte Bedrohung für das an und für sich liebesbedürftige Gemüt des Wieners dar.
Einmal unter Druck gesetzt, verwandelt er sich in einen Kochtopf und verhält sich in der Folge auch wie ein solcher: Er geht über oder er explodiert.
Würde man ihn mit einem Auto vergleichen, dann bewegt er sich größtenteils und überraschenderweise nur mit Standgas vorwärts, er kann aber – einmal gereizt – jäh in den roten Dreh-

zahlbereich hochschnellen, was meist zu einem geistigen Kolbenreiber und damit zum Ende jeder Diskussion führt. Aus dem gemütlichen Phlegmatiker wird dann ein tobender und paranoider Choleriker, so wie in dem »Rondo für die Herren Tscharli und Tschonni. Ein Pülcher-Dialog ad infinitum«:

»Tepperter, was schaust denn so?«
»Wer ist bei dir teppert?«
»Der was fragt!« – »Geh kusch!« – »Ziag o!«
»Willst a paar, dass's scheppert?«

»Alsdann trau di! Da hau her!«
»Trag dein G'wand zum Tandler!
Glaubst mir graust vor gar nix mehr?«
»Halt die Pappen, Sandler!«

»Jetzten schleich di, und sei froh!«
»Schaut's eahm, wia-r-er scheppert!«
»Tepperter, was schaust denn so?«
»Wer is bei dir teppert?

PETER HAMMERSCHLAG

Das, was Peter Hammerschlag da so authentisch beschreibt, kann passieren, muss aber nicht, sondern hängt von der Tagesverfassung ab. Wenn der Wiener einen guten Tag hat (also nicht – wie man bei uns sagt: »Mit'm linken Fuß aufg'standen is«), dann kann sich die Austragung von Auffassungsunterschieden auch auf friedliche Weise vollziehen, also auf die Art, wie sie Jörg Mauthe in seiner 1959 erschienen Fibel »Wien für Anfänger« nachgezeichnet hat:

Zwei Wiener diskutieren …
Wird daraus ein Streit entstehen?
Werden sich die Gesprächspartner veranlasst fühlen, ihre Meinungen gegeneinander abzuwägen?
Da es sich um Wiener handelt, werden sie nichts dergleichen tun. Vielmehr wird der eine, nachdem er die Meinung des anderen zur Kenntnis genommen hat, mit höchster Wahr-

scheinlichkeit nur jene drei einsilbrigen Worte äußern, in denen alle Weisheit dieser Stadt beschlossen ist: »Is' auch wahr …« wird er sagen.

Ein Stimmungschamäleon

Er kann sich mühelos in einen Melancholiker verwandeln, wenn ihn das »G'fühl« übermannt und er Sehnsucht nach sich selber bekommt. Er ist also auch eine Art psychologisches Chamäleon, was ihm besonders für Nicht-Wiener einen exotischen und daher prickelnd gefährlichen Touch verleiht, da sie seine abrupten Stimmungswechsel weder nachvollziehen, noch vorausahnen können. Aber gerade als Melancholiker kommt der Wiener bei Fremden sehr gut an, denn dann entspricht er am ehesten seinem eigenen Klischee. Wenn er auf der Prater Hauptallee auf einem Bankerl sitzt und schwarze Gedanken wälzt, dann fehlt nur noch der ferne Ausruf aus der Geisterbahn:

Hereinspaziert, meine Damen und Herren, ladies and gentlemen, come in! Amoi dem Tod ins Auge schaun – 5 €! Heut' mit Herzinfarkt-Garantie, Schüler und Schwangere zahl'n die Hälfte.

Wenn auch im stark verkleinerten Format, fühlt sich der Weltstadt-Wiener heute mehr denn je im Zentrum des Weltenablaufes, wobei sein Widerwille gegen die Welt nichts anderes ist als ein dünnes Schutzschild vor den Umständlichkeiten des Lebens, das er sich von Geburt an viel einfacher vorgestellt hat. Statt Schillers »Alle Menschen werden Brüder« am Ende von Beethovens Neunter, die inzwischen als Europa-Hymne herhalten muss, singt er sein Gegenprogramm:

Alle Menschen samma zwider
I möcht's in die Gosch'n hau'n.
Kurt Sowinetz, Wolfgang Teuschl

Nimmt man ihn aber in die Arme, streichelt ihn und leidet »ein bisserl« mit ihm und seinem Weltverdruss, dann entpuppt sich – mit ein wenig Glück – der verbiesterte Grantscherb'n als ein butterweiches, einfühlsames und humorvolles Wesen, das genauso wenig wie alle anderen wirklich weiß, wo es lang geht, das aber niemals zugeben würde. Er ist glücklich unglücklich. Oder auch umgekehrt.

> *Der Wiener ist ein mit sich sehr unglücklicher Mensch, der den Wiener hasst, aber ohne den Wiener nicht leben kann, der sich verachtet, aber über sich gerührt ist, der fortwährend schimpft, aber will, dass man ihn fortwährend lobt, der sich elend aber darin wohl fühlt, der immer klagt, immer droht, aber sich alles gefallen lässt, nur nicht, dass man ihm hilft – dann wehrt er sich. So ist er der Wiener.*
>
> Hermann Bahr

Ja, so kann er sein, der Wiener. Er kann aber auch ganz anders sein, wenn er nur will. Denn er ist:

Ein geborener Diplomat

Er hat von allem nur »a bissl was«. Umzingelt von politischen und philosophischen Unterschiedlichkeiten und Lebensweisen, sah er sein Heil nicht im Angriff, der ja bekanntlich die beste Verteidigung ist, sondern in der Verteidigung nach allen Richtungen hin. Er musste lernen, dass er mit allen »ein bissl« kann und gleichzeitig mit jedem »ein bissl net«. Er lernte. Und er lernte schnell. So schnell, dass er gar nicht merkte, wie ihm die durch die Umstände aufgezwungenen osmotischen Überlebensstrategien zu einem unschätzbaren Reservoir von geistigen und kulturellen Fähigkeiten verhalfen. Und – so nebenbei – entwickelte er unglaubliche diplomatische Qualitäten. Den deutschen Kommentator Rolf Italiaander hat das zu der bewundernden Feststellung veranlasst:

Alle, die in Politik und Diplomatie drängen, überall in der Welt, sollten zuerst einmal nach Wien geschickt werden, in die Lebensschule der Wiener. Die Wiener, die Österreicher überhaupt, haben gut mit den russischen Besatzern gekonnt, besser als viele andere. Zu beneiden sind sie.

Aber nicht, dass der Wiener die Menschen liebt, sondern dass er sie durchschaut, ist die Quelle seines diplomatischen Talents. Also sprach Herr Karl:

Ich hab immer alles durchschaut … auch a Regierungsmitglied, wann i mir's so anschau … der is aa net anders wie i. Und i kenn mi. Aber bitte – es geht mi nix an.

Genial im Erfinden von Ausreden und Provisorien

Die Bequemlichkeit ist für den Wiener ein sehr hohes Gut und deshalb verteidigt er sie mit allen erdenklichen Mitteln. Seit jeher gewohnt und geübt, den Weg des geringsten Widerstands zu gehen, zaubert er jederzeit eine Ausrede aus dem Hut, warum er dies oder jenes nicht tun konnte.

jeder red't, zeit vergeht
jeder red't, und is' scho spät
jeder red't und olle san allaa

kumm ma mit kane ausreden mehr
ausreden kann i nimmer hör'n …
André Heller

Um Ausreden ist der Wiener nur selten verlegen, sie sind seine Domäne, da ist er Weltmeister. Die Ausrede ist die kleine Schwester der Lüge. Sie hat manchmal auch Charme und bringt ihn aus der Schusslinie. Mit Inbrunst und Überzeugung vorgetragen, kann sie einem sogar zu Unrecht Recht geben, wie folgender Dialog aus den zwanziger Jahren zwischen einem Chefredakteur eines Wiener Tagblattes und einem berühmten Journalisten beweist:

»Ihr Leitartikel, Sie Wahnsinniger, wo ist Ihr Leitartikel?«
»Also, es war so …«
»In 30 Minuten ist Redaktionsschluss!«
»Ich war gestern mit einem Mädel im Belvedere … wir spazierten in der Abendsonne … es war bezaubernd … und plötzlich ist die Zeit stehengeblieben.«
»Die Zeit?«
»Respektive – meine Uhr. Warum nehmen Sie nicht doch meinen Artikel von letzter Woche, den Sie aus zeitlichen Gründen abgelehnt hatten?«
»Mir wird ja wohl nichts anderes übrigbleiben.«
»Wenn ich Sie dann noch um 20 Kronen bitten dürfte.«
»20 Kronen für einen bereits geschriebenen Artikel?«
»Nein – für die Reparatur meiner Uhr.«
»Raus aus meiner Redaktion!«
EGON ERWIN KISCH

Und wenn die Ausreden so absurd werden, dass sie sich offenkundig als Ausreden deklarieren, dann werden sie einerseits schamlos und bekommen andererseits einen so unwiderstehlichen Charme wie der folgende Dialog zwischen dem Wiener Original Joe Berger und seinem Freund:

»Ich bin stinksauer, seit drei Stund' wart i auf di.«
»Ob's du's glaubst oder net … z'erscht war a Stau auf da 2er-Linie, weil in Schönbrunn a Säbelzahntiger ausbrochen is …«
»Geh bitte, Joe!«
»Dann fallt ma direkt vur da ›Wunderbar‹, wia i grad zu dir geh'n wollt', auch no a riesengroße Dachlawine am Schädel … plumfff! Eishölle!«
»Joe …«
»Gottseidank warn grad zufällig zwa Bernhardinerhunde in der Schönlaterngassn und ham mi ausgrab'n.«
»Joe, i hab di lieb.«
»Sei froh, dass' mi no gibt.«

Aber mindestens ebenso phantasievoll wie beim Erfinden von Ausreden ist der Wiener beim Erfinden von Provisorien. Besonders die Handwerker in Wien nehmen das Wort »provisorisch« gefährlich oft in den Mund. Sie machen etwas, aber sie machen es einstweilen nur als behelfsmäßige Übergangslösung, damit sie einen Grund haben, am nächsten Tag wiederzukommen. Wenn dieser »nächste« Termin aber nicht wie vorgesehen zustande kommt, dann hat man Pech gehabt und muss mit einem Provisorium leben – man muss »im-provisieren«.
Das ist einer der Gründe dafür, warum die Selbstmordrate bei in Wien lebenden Ausländern höher ist als bei den Wienern selbst. Versuchen Sie einmal als Norweger am Wochenende in Wien einen Installateur zu bekommen: Sie werden die Härte des Lebens kennenlernen.
Improvisieren hat sehr viel mit Erfindungsreichtum zu tun und an dem hat es dem Wiener noch nie gemangelt – aus der Not eine Lösung zu machen, ist eine seiner großen Begabungen, wie folgende Geschichte dokumentiert: Als im Jahre 1946, zwei Tage vor der Wiedereröffnung des Wiener Dianabades, die Zwei-Meter-Sprungbretter aus Tirol noch immer nicht geliefert worden waren, ließ der zuständige Bauleiter kurzerhand zwei Bügelbretter montieren und hängte ein Schild auf die Treppen: »Springen nur für Erwachsene unter 40 kg.«

Ein leidenschaftlicher Schmähführer

Die einzigartige Kommunikationsform, die man »Schmähführen« nennt, wird in Wien geradezu als Volkssport betrieben. Wobei sein besonderer Reiz vor allem darin liegt, dass die Art, wie etwas gesagt wird, genauso wichtig ist, wie das, was gesagt wird – wenn nicht sogar wichtiger. Unwichtig sind jedenfalls die Grenzen zwischen wahr und erfunden. Denn es ist ja »nur« ein Spiel. Die Beschreibung einer realen oder fingierten Begebenheit ist essentieller als die Begebenheit an sich. Beobachten wir das einmal am Beispiel einer Gesprächsrunde, einem »Schmähbankerl«, an dem drei Stammgäste teilgenommen haben. Da »rennt« er wieder einmal – »der Schmäh«. Und auch die Nachricht vom Tod eines guten Bekannten vermag den Schmäh-Furor nicht zu bremsen. Im Gegenteil: Sie heizt ihn noch zusätzlich an.

A: Hast' schon g'hört – der Karli von der Dreia Stieg'n hat sich gestern aufg'hängt.
B: Der oame Hund!
C: So oam war er angeblich gar net.
B: I red vom Attila, sein' Dackl.
A: Pfeiff' am Attila. Der oame Karli.
B: Wie alt war er denn eigentlich?
A: 82.
C: Na dann … hat er sich's eh verbessert.
B: Wo'st recht hast, hast recht. (Er singt:) Jünger werd'n ma nimma, dafür immer dümmer.
C: Muasst du immer von dir auf andere schließen?
A: Kurti, du bist ja krebsrot im G'sicht. Bist in a Paradeissoß g'falln?
B: Ich hab an Sonnenbrand, du Trottel. I bin heut an der Alten Donau auf ana Luftmatratzen eing'schlaf'n.
A: So ändern si' die Zeiten: Früher is er immer auf der Kellnerin vom Café Susi eing'schlaf'n.
C: Damals hat er ka Luftmatratzen braucht. Auf der ihr'n Vorbau hat's noch schöner g'schaukelt.
B: Oida; I wünsch dir, dass du a so oid wirst wie deine Schmäh.
A: Das hängt davon ab.
C: »Des hängt davon ab« – des hat sie wahrscheinlich a da Karli g'sagt, wia er den Strick g'nommen hat.
A: Meine Herr'n – ein letztes Hoch auf'n oidn Karli.
B: Hoch soll er leb'n, da Karli.
A: Oida, der hat net Geburtstag – der is g'storb'n.
C: Is des net ungefähr dessöbe? Am Geburtstag fang'st langsam zum Sterb'n an. Und am Todestag hast as überstand'n.

B (nachdenklich): Am End gibt's gar keinen Tod. Man wird nur oid und stirbt ... und des war's dann!
PETER RUDOLF

Wie figura zeigt, entspringt der Schmäh einer ironisch-distanzierten Grundhaltung gegenüber den Unwägbarkeiten und Unabänderlichkeiten des Lebens. Und Karlis Ableben, also der wahre Sachverhalt, ist nur eine Art Spielmaterial. Also gleichsam die kreative Herausforderung, etwas Originelles daraus zu machen. Denn der Wiener denkt nicht sinn-, sondern darstellungsorientiert. Und wenn er kongeniale Mitspieler hat, dann ist der Schmähtandler in seinem Element. Aber der, der selber »kan Schmäh« oder auch nur weniger davon hat, der muss Acht geben, dass er nicht auf der Strecke bleibt und am Ende der »Schmähstade« ist, weil ihn die überlegenen »Schmähbrüder« – wie man in Wien so schön sagt – »oid ausschaun« lassen. Und wenn man später einen der Beteiligten fragt, worum es denn eigentlich gegangen sei, dann wird er vermutlich darauf sagen: »Ka Ahnung, aber a riesen Hetz hamma g'habt.«
Dessen ungeachtet wäre es voreilig und verfehlt, daraus den Schluss zu ziehen, dass der Wiener dank seiner Humorbegabung über alle Klippen des Lebens leichtfüßig hinwegzutänzeln vermag, denn:

Die Wiener Seele ist schnell eingeschnappt und leicht zu kränken

»Was kränkt, macht krank«, erkannte bereits Erwin Ringel. Demzufolge müsste der Wiener dauernd krank sein, ist doch eine seiner liebsten Freizeitbeschäftigungen das »Gekränktsein« beziehungsweise das sich »Beleidigtfühlen«. Darin badet er regelrecht. Jammernd fühlt er sich pudelwohl. Er stirbt halt gern und bald und oft, zumindest in seiner Phantasie. Erstaunlicherweise hat er aber die dritthöchste Lebenserwartung aller europäischen Großstadtbewohner, was entweder für eine falsche Statistik spricht oder eher für eine überdurchschnittliche Wehleidigkeit.

> *Mich beutelt was, und weil ich allein bin, so kann's nur das Fieber sein.*
> JOHANN NESTROY

Das »Beleidigtsein« hat unter anderem damit zu tun, dass der Wiener alles sehr persönlich nimmt, selbst das Wetter, die Marillenernte in der Wachau, die Lotto-Ziehung oder die Fußballresultate vom vergangenen Wochenende. Er fühlt sich sogar wegen einer neuen Fernseh-Serie beleidigt, weil er sich denkt: »Für wia deppert halt mi der ORF eigentlich?« (Wobei man ihm in diesem Punkt noch am ehesten folgen kann.)
Er ist beleidigt, weil Glatteis ist, er fühlt sich gekränkt, weil er von jemandem, den er gar nicht kennt, nicht gegrüßt wurde, er schmollt, weil die Tomaten nicht mehr nach Paradeisern schmecken und im Prater das Riesenrad quietscht. Was dem Tiroler sein Herrgottswinkel, ist dem Wiener sein Schmollwinkel.
So gesehen ist der Wiener tatsächlich ein kränkliches Wesen, selbst wenn er pumperlgesund ist. Der Wiener ist ja – wie wir bereits festgestellt haben – immer auch das Gegenteil von sich selber. Als Hypochonder stirbt er an einem Bienenstich, obwohl er erst kürzlich einen Herzinfarkt mit links weggesteckt hat. Das Wiener Wort für Herzinfarkt heißt übrigens »Herzkasperl« und ist eines der anschaulichsten Beispiele für die poetische Kraft des Wiener Dialektes, der sich über alles, selbst über den Tod, spielerisch hinwegzusetzen vermag.

Wenn man einen Wiener – absichtlich oder unabsichtlich – zum Begräbnis eines ihm noch so fernen Bekannten nicht einlädt, dann ist er »zu Tode« beleidigt und will mit dem Verstorbenen nichts mehr zu tun haben. Diese Konsequenz ist genial und wohl auch einzigartig. Die hohe Kunst des »Beleidigtseins« hat der Wiener im Laufe der Zeit so verfeinert, dass er inzwischen auch keinen Grund mehr dafür braucht. So quasi nach dem Motto:

… ich kenn diesen Menschen zwar nicht, aber so deppert wia der redt', da bin ich mir ganz sicher, dass er mich schon einmal beleidigt hat.

Helmut Qualtinger

Ein großzügiger Neidhammel

Zu den positivsten Eigenschaften der Wiener gehört eine Großzügigkeit und Hilfsbereitschaft, wie sie sich immer wieder in unglaublichen Spendenergebnissen bei karitativen Projekten beweist. Auch zeitgeschichtliche Beispiele sind dokumentiert. Man denke nur an die Vorbehaltlosigkeit, mit der die Exil-Ungarn nach ihrem gescheiterten Aufstand im Jahr 1956 in Wien aufgenommen wurden. Ähnliches gilt für die Welle der Solidaritäts- und Hilfsaktionen für die Tschechen in der Zeit, als der Prager Frühling unter die Räder der sowjetrussischen Panzer kam.

In einem eklatanten Gegensatz dazu steht der in Wien beheimatete Neidkomplex, der auch im internationalen Maßstab alle Rekorde schlagen dürfte. Wien ist die Welthauptstadt des Neids. Dass muss uns der Neid lassen. Zwar behauptet der Ober Leopold in einem Wienerlied aus dem »Weißen Rössl«:

Neidig bin I net
Neidig, na I net

Um dann aber doch der Wahrheit die Ehre zu geben:

Aber zuaschauen, ich gesteh'
Zuschau'n tuat halt gar so weh

Nun wäre es, meint der Satiriker und Klavierhumorist Georg Kreisler, noch irgendwie verständlich, wenn ein Bürger gegenüber einem anderen Neidgefühle entwickelt, weil der augenscheinlich eine größere Wohnung, ein schnelleres Auto oder eine schönere Frau hat. So einen handfesten Grund braucht der

Wiener aber gar nicht. Er kann einem anderen auch neidig sein, wenn er von dessen Lebensumständen gar nichts weiß. Nur auf Verdacht und quasi zur Übung.

> *Grundloser Neid ist in Wien sehr häufig anzutreffen. Rechtsanwälte sind neidisch auf Löwendompteure, Operndirigenten sind neidisch auf Apotheker und Sekretärinnen sind neidisch auf Klavierstimmerinnen. Offensichtlich ist in Wien der Konkurrenzgedanke nicht notwendig, um Neidgefühle zu wecken. Die Neidgefühle entspringen dann einer Erkenntnis der Vergeblichkeit des eigenen Lebenslaufs, und die ist in Wien stark ausgeprägt.*
> GEORG KREISLER

Den erbittertsten Kampf führt der Wiener allerdings gegen sich selbst. Er will einfach wissen, wer stärker ist: »I oder I?« Und dazu gesellt sich dann auch noch der Neidaspekt:
Was du selbst nicht geschafft hast, das vergönne auch deinem Nächsten nicht.
Was passiert, wenn jemand in Österreich »groß« herauskommt (was in einem kleinen Land ohnehin selten genug vorkommt)? Anderswo würde Freude darüber aufkommen, dass ein »unsriger« es geschafft hat. Hier aber sagt sich ein jeder aus der früheren Umgebung des plötzlich Erfolgreichen:

> *Den kenn' ich doch schon lang. Was kann denn an dem d'ran sein, wenn ich den kenn'?*

Zwischen Traum und Leben

Der Wiener ist ein hochbegabter Wolkenbruch, der meist als Tropfen auf dem heißen Stein verdampft. Und wenn er mit dem Leben nicht zufrieden ist, dann bleibt ihm ja noch der Traum von einem anderen, besseren Dasein. Es kann ja kein Zufall sein, dass in Wien sowohl die Wissenschaft als auch die

Literatur dem Traum so viel Zeit und Raum gewidmet haben – von Sigmund Freuds Traum-Analyse bis zu Grillparzers »Der Traum, ein Leben«. Das ist ein trostvolles Lebenshilfe-Vehikel: Das Leben als eine Abfolge von Traumbildern zu sehen, wo im Grunde ja auch nichts anderes passiert als das, was einem schon im Leben widerfahren ist. Oder: noch widerfahren wird. Nicht von ungefähr ist das berühmteste Zitat von Franz Grillparzer:

Was ist der Erde Glück – ein Schatten
Was ist der Erde Ruhm – ein Traum

Vom ernüchternden Erwachen handelt ein zweites Grillparzer-Zitat, das den Wiener Stehsatz »Net ärgern, nur wundern« in eine poetische Form gebracht hat:

So wie ein Träumender nach seines Traums Entschwinden
So frag ich mich »Was soll's?«
Und kann mich nicht mehr finden.

Von alledem, was ich an klassischen Wiener Wesenszügen aufgelistet habe, trifft auch für uns zeitgenössische Wiener vieles – oder zumindest »ein bissl was« – zu. Trotzdem wäre es ein verhängnisvoller Fehler, den Anschluss an die Zukunft zu versäumen, indem wir uns verträumen. Auf der Suche nach der Identität kann es nicht der Weisheit letzter Schluss sein, die Vergangenheit zu glorifizieren und sich in der Pflege der alten Klischees zu verlieren. Der Wiener ist weder Mundl noch Kasperl oder Krokodil. Das Wiener Mädl ist – anders als in Arthur Schnitzlers Stücken – weder ein geborenes Opfer noch das Gegenteil davon. Wien ist eine Großstadt wie jede andere. Hier herrscht zur Stoßzeit Stau und in der U-Bahn Gedränge. Und die Menschen haben es nicht weniger eilig als in Stockholm, Hamburg oder Berlin. Was sollte – von den Klischees einmal abgesehen – in Wien denn schon großartig »anders« sein? Die berühmten Künstler? Die haben in Paris und London genauso gelebt. Oder das Nebeneinander von monumentalen Bauwerken

und engen, alten Gassen? Das findet man auch in Rom und Madrid.
Und wenn man voll Stolz sagen kann, dass Wien in den letzten zwanzig Jahren endlich in der Moderne angekommen ist, dann muss man gleichzeitig bemerken: nicht wegen, sondern trotz seiner großen Vergangenheit. Die ist und bleibt in Wien gut aufgehoben. Aber »Tradition« besteht bekanntlich nicht im Hüten der Asche, sondern im Weitergeben der Flamme. Und die sollte nie verlöschen.

Das Glück ist ein Vogerl

Zwischen Laune, Lust und Larmoyanz

Kurz und gut
Jeder tut
Und das ist schon ein alter Hut
Vor ein Stück
Und zurück
Vor ein Stück
Und zurück
Vor ein Stück
Und zurück
Kurzes Glück

GERHARD RÜHM

Glück – dieses Höchste der Gefühle – kann so vieles sein: Im Leben voranzukommen, Selbstbestätigung und Anerkennung zu finden, vor allem aber: geliebt zu werden.

Ein Zustand der vollkommenen Erfülltheit, das ist es, wofür es sich zu leben lohnt. Als Sehnsuchtsziel aller menschlicher Bestrebungen ist es sogar in der Verfassung der Vereinigten Staaten als Bürgerrecht verankert: »The Pursuit of Happiness«.

Der Wiener sieht das Streben nach Glück mit etwas skeptischeren Augen – als eine Art Massen-Marathon, bei dem nur einer gewinnen kann, aber viele auf der Strecke bleiben. Und er sieht vor allem auch die tragische Seite des Glücks: Seine Zerbrechlichkeit – »Glück und Glas, wie leicht bricht das« – und Flüchtigkeit:

Das Glück is a Vogerl
Gar liab aber scheu
Es lasst si' ned fangen
Aber fort g'flogen is' glei'

Das Herz ist der Käfig
Und schaust ned dazua
So hast auf a mal dann kei Glück und kei Ruah
ALTES WIENERLIED

Sofern es darum geht, Macht und Reichtum zu erhalten, hat der sogenannte »Glückliche« tatsächlich keine ruhige Minute mehr. Denn er lebt in ständiger Unrast und Sorge, er könnte das Erworbene möglicherweise wieder verlieren. Außerdem verdirbt ein Zuviel an Glück bei manchen den Charakter. So hat man in Grillparzers »König Ottokars Glück und Ende« schon ab dem Ende des ersten Aktes das Gefühl, dass das nicht mehr lang gut gehen kann mit einem hyperaktiven Tatmenschen, der im Machtrausch ganz offensichtlich die Bodenhaftung verloren hat. Und es wundert einen fast, dass es noch ganze vier Akte dauert, bis dieses Stück so ausgeht, wie der Titel verspricht, nämlich tragisch. Da darf sich der Wiener, der es für sein Leben gern und am liebsten »erste Reihe fußfrei« mitverfolgt, wie eine große Karriere Stück für Stück zerbröselt, wieder einmal in dem bestätigt fühlen, was er »eh schon immer g'sagt hat«:

Wärst net aufeg'stiegn, wärst net abeg'falln.
BELIEBTE WIENER REDENSART

Aber bleiben wir vorerst einmal noch bei der Glückssuche. Der Wiener würde, wenn etwas, das er erhofft hat, nicht eingetreten ist, nicht sagen »I hob ka Glück g'habt«, sondern viel eher »Es hat halt net sein solln«. Denn er ist ein grundsätzlich fatalistisch gestimmtes Wesen. Um an das Glück zu glauben, muss man ein optimistischer Mensch sein. Das ist der Wiener nur bedingt. Er ist schon froh, wenn er kein Pech hat. Allein das kann ihn bereits »glücklich« machen.

»Gestern hab i so a Glück g'habt!«
»Warum? Was ist g'scheh'n?«
»Nix is gscheh'n.«
WIENER STEHSATZ

Nun sind »Glück haben« und »glücklich sein« zwei Paar Schuhe. Nicht jeder, der reich geerbt hat, wird mit dem Geldsegen automatisch auch glücklich. Und gar mancher (manche), der (die) vorerst das Glück hatte, die vermeintliche »Frau seines Lebens« (oder den vermeintlichen »Mann ihrer Träume«) kennenzulernen, landete in der Folge todunglücklich beim Scheidungsanwalt oder in der Psychiatrie.

Der Wiener hat mit blauäugigem Optimismus nicht viel am Hut. Er rechnet weder damit, dass er Glück hat, noch damit, dass er glücklich wird. Solange er kein Pech, aber dafür seine Ruhe hat, ist er schon zufrieden. Eine ziemlich pragmatische und unspektakuläre Lebenshaltung, die sich im Wesentlichen mit dem Ausbleiben des Unglücks begnügt. Man könnte auch sagen: Der Wiener ist der Buddhist unter den europäischen Großstadtbewohnern, eine Mensch gewordene Kreuzung aus einer Tibetflöte und einem Weinstock. Eine grantige Klangschale.

»Nur, weil's raschelt, muaß' no lang ka Maus sein«, denkt er sich und ist froh, wenn er »seine heilige Ruah« hat. Zusätzlich ist er auch noch mit einem stoischen Gemüt ausgestattet, das sich allein schon deshalb nicht so einfach aus der Ruhe bringen lässt, weil ihm das meiste sowieso »wurscht«, das heißt, von Herzen egal ist. Gepaart mit der psychologischen Überlegenheit eines Phlegmatikers, ist der Wiener eine einzigartige Mischung aus einem Stoiker und einem Dionysiker, die beide zusammen gelegentlich gern ein Glaserl Wein trinken. Und wenn dann ab und zu noch der Melancholiker bei der Tür hereinschaut, dann ist die Welt komplett. Wozu braucht so ein Mensch noch »a Vogerl« namens Glück? Ihm genügt die »Fledermaus« mit der ebenso melodiösen wie trostvollen Stelle, in der sich das ganze Ensemble beseligt im Takt eines langsamen Strauß-Walzers wiegt und singt:

Flieht auch manche Illusion,
die dir einst dein Herz erfreut,
gibt der Wein die Tröstung schon
durch Vergessenheit.

Glücklich ist, wer vergisst,
was auch nicht zu ändern ist.

Und im Nachhall dieser Fast-Nationalhymne ätzte der Sprechsteller Anton Kuh:

> *Glück ist eine Kombination aus guter Gesundheit und einem schlechten Gedächtnis.*

Selbstverständlich braucht selbst der Wiener Glück, und sei es auch nur, um in kontemplativen Stunden daran erinnert zu werden, dass seine oft gleichgültige Zufriedenheit nur das Glück der Anspruchslosen ist. »Mit a bissl Glück« geht in Wien zwar einiges, aber weiß Gott nicht alles. Der Wiener, eine von Haus aus mit vielerlei Talenten gesegnete Spezies, ignoriert gerne seine Begabungen, weil sie unter blöden Umständen in echte Arbeit ausarten könnten.

> *Interessanterweise haben die Talentierten immer auch ein bissl mehr Glück als die Untalentierten.*
> BILLY WILDER

Zu den Talenten des Wieners gehört es nicht zuletzt, aus einer Nebensächlichkeit ein großes Unglück zu machen. Und das bejammert er dann kurz und wortreich. In einem Verkehrsstau am Gürtel kann sich ansatzlos alles Unglück und Elend der Welt fokussieren, ehe der geborene Fatalist wieder durchkommt und singt:

Ja, da kann man nichts machen,
was liegt schon dran;
wer weiß, wozu das gut sein kann,
's nutzt kein Weinen, kein Lachen,
sei g'scheit, verzicht,
wenn nicht, dann eben nicht.

Ja, das ist schon so,
darum füg dich drein,
und sei lieber froh,
's könnt viel ärger sein!

Paul Hörbiger im Wien-Film »Der alte Sünder«

Nichts ist dem Wiener suspekter als der Begriff »Glück«, denn nicht genug damit, dass es »a Vogerl« ist, das sich gern verfliegt, haben in Wien einer Redensart zufolge »nur die Depperten 's Glück«. Wozu also etwas erhoffen, das nur geistig Minderbemittelten zuteil wird?

Toni: Da hast aber jetzt a Glück g'habt, Mundi, dass dir die Leiter net am Schädl g'fallen is.
Mundl: Glück? I brauch ka Glück, i bin jo ka Trottel!

Ernst Hinterberger

Etwas eleganter hat Johann Nestroy den Gedanken formuliert, dass Glück haben und g'scheit sein einander ausschließen:

Wenn die Dummheit in der Regel mehr Glück als die Weisheit hat, so ist es eigentlich schon a halberte Dummheit, wenn man nach Weisheit strebt.

Der Wiener ist ein »Zerissener«, dem das Leben stündlich weh tut. Und Unrecht noch dazu. Im Glück ist er unglücklich und im Unglück oft glücklich, es zerreißt ihn förmlich zwischen »Hosianna!« und »Crucifige!«. Der neue Nachbar ist entweder »a unduarchsichtige Geburt« oder »a leiwander Oida«, die Krautfleckerln schmecken »grad richtig« oder »letschert«, die Rapidler haben am Wochenende »wia Warme« oder wie »grüne Götter« gespielt, das Fernsehprogramm hat einen »Tiafgang wia a Schlauchboot« oder es ist »universummäßig net deppert«. Mit einem Wort: Für den Wiener besteht die Welt jenseits des Lainzer Tiergartens nur noch aus Nordpol oder Südpol. Und solange er weder da noch dort leben muss, ist seine Welt in Ordnung.

Freund: »Es scheint, Ihnen ist nicht zu helfen, Travnicek. Wie wollen Sie nun das Beste aus Ihrem Aufenthalt hier am Meer machen?«
Travnicek: »Indem i ma vorstell, i bin auf der Donauinsel.«
Gerhard Bronner, Helmut Qualtinger

Wehe aber, der Wiener kriegt den Blues, weil ihm irgendetwas in Gestalt eines Finanzbeamten, Gläubigers, Zahnarztes oder auch der LebensabschnittspartnerIn über die Leber gelaufen ist. Dann spielt plötzlich das Glück insofern eine überdimensional große Rolle, als es eine prächtige Ausrede für alle abgibt, die sich vom Schicksal schmählich benachteiligt fühlen.

Ana hat immer des Bummerl
Ana muaß immer verliern
I hob mei' Lebn lang des Bummerl
Weil i vom Glück a Stiafkind bin.
Horst Chmelar

Wenn der Wiener mit dem Schicksal hadert, dann beginnt er zu raunzen. Diese sehr spezielle, wienerische Art der Kommunikationsverweigerung äußert sich vorerst durch einen leiser werdenden Tonfall (man kann nicht laut raunzen). Der Wiener kippt also jäh in eine Art inneren Monolog, der die Umwelt völlig ausblendet, seine Mundwinkel ziehen sich in Richtung Fersen und die Atmung wird schwer. Ab jetzt gibt er nur mehr ein wehleidiges Wortgeschnaufe von sich, das in ein kurzatmiges Gemurmel übergeht, ehe es schlussendlich in absoluter Unverständlichkeit verröchelt. Wenn der Wiener einmal raunzt, kann ihm kein Mensch mehr folgen, weil er dann felsenfest davon überzeugt ist, allein gegen die ganze Welt und übermächtige Systeme ankämpfen zu müssen.
Er badet dann in seinem imaginierten Unglück, zerfließt aber dabei in durchaus wohligem Selbstmitleid:

Es tuat so weh, es tuat so weh, es tuat so weh, wenn ma verliert.
RAINHARD FENDRICH

»Wonn i net so vü gsoffn hätt, warat i Weltmeister wuan«, raunzte der Ex-Box-Europameister Hans Orsolics. Mit dem musikunterlegten Lamento »Mein potschertes Leben« war er dann noch einmal oben auf – wenn auch nicht im Ring, sondern in der österreichischen Hitparade:

I hob valuan, wie nur ana verliern kann,
der a Herz statt an Hirn hat, aber i genier mi ned,
i hob euch alles gebm.
I hob valuan, hab erlebt, wie ma fliegn kann,
wenn ma Freundschaft mit Bledheit verwechselt, und des war mei Lebm,
mei potschertes Lebm.
HELMUT ZENKER

Wenn der Wiener dank seiner angeborenen Skepsis dem Glück auch misstraut, so lässt er sich doch gern von ihm überraschen. Dem hat auch die Glücksspiel-Werbung auf geschickte Art Rechnung getragen. »Wie heißt's im Lotto? Alles ist möglich!«, versprachen Ossy Kolmann und Franz Suhrada im Lottostudio in den achtziger und neunziger Jahren. Da wurde gewitzelt und »reimgeschüttelt«, dass es nur so krachte:

Kannst du ka Geld beim Lotto mach'n
dann hilft dir nua des Motto: Lach'n!

Will heißen: Bei der Jagd nach dem Glück ist die (wahrscheinlichere) Folge des Scheiterns im Jagdvergnügen schon inbegriffen: »Nix is fix.« Wenn aber der große Treffer gelingt, dann ist plötzlich »alles möglich«. Denn dann kann man sich all das leisten, wovon man bisher nur geträumt hat – getreu dem Prinzip:

Nur a Geld, nur a Geld
Is das Höchste auf der Welt
Wenn ma's a net fressen kann
Desto leichter bringt ma's an
Hendel, Gansel, Anten, Fisch
Laß' ma renna übern Tisch
An Champagner a dazua
Nachher drah'n bis in da Fruah
ALTES WIENERLIED

Das süße Leben, das hier gepredigt wird und »nur a Geld« erkaufen kann, hat aber auch einen Haken: Es macht auf Dauer nicht glücklich. »Ohne Geld, ka Musi«, so viel ist richtig. Umgekehrt lehrt uns aber die Lebenspraxis, dass der Reichtum an sich die Glücksfähigkeit ebenso wenig zu steigern vermag wie ein Übermaß an Vergnügen den Erlebniswert desselben. Schlag nach bei Nestroy und seinem »Zerrissenem«. Was soll dem Herrn von Lips, den die Welt stinkreich, aber auch melancholisch gemacht hat, denn noch »Großartiges« bieten, so fragt er sich und beklagt sich über die Nachteile, die der Wohlstand mit sich bringt. Nur eines scheint ihm noch schlimmer zu sein:

Armut ist ohne Zweifel das Schrecklichste. Mir dürft einer schon Millionen herlegen und sagen, ich sollt' arm sein dafür. Ich nehmert's nicht.

Wenn man sich für Geld etwas kaufen kann, dann ist es die Freiheit. Was ja auch immer wieder geschieht – nicht zuletzt dort, wo Gefängnis droht und genügend Geld für die Kaution vorhanden ist. Als der »Zerrissene« nach einer handgreiflichen Auseinandersetzung (irrigerweise) annehmen muss, dass er sich eines Totschlags schuldig gemacht hat, da setzt er nicht auf die Unschuldsvermutung, sondern flüchtet aufs Land und macht dort eine seelische Rosskur durch, die ihn von seinem Lebensüberdruss kuriert und für die kleinen Freuden des Lebens wieder empfänglich macht. In Krautkopfs Keller, wo sich Lips vor der

Justiz versteckt hält, reicht ihm die erfrischend natürliche Kathi ein ländliches Frühstück. Und dabei entspinnt sich der folgende Dialog:

Lips: Was servierst du mir denn da!
Kathi: Brot und Milch.
Lips: Kipferln habt's ihr nicht?
Kathi: Das ist unser schönstes Brot.
Lips: Und euer einziger Kaffee besteht in Millich? Wenigstens hat man keine Wallungen zu riskieren …
Kathi: Ich wär' glücklich, wenn ich Euer Gnaden alle Leckerbissen der Erde vorsetzen könnt', aber – …
Lips: O Kathi! Du weißt gar nicht, was du für eine liebe Kathi bist!
(Umfasst sie)
Kathi: (sich losmachend): O, geh'n 'S doch –
Lips: Gleich wieder a Millich d'rauf! (Trinkt). So, jetzt bin ich wieder ein braves Bubi. – Dass ich dir also sag', ich hab' Visionen.
Kathi: Die Krankheit kennen wir nicht auf'n Land.

Die anfangs böse aussehenden Verwicklungen lösen sich zu guter Letzt in Wohlgefallen auf. Mit seinem guten Vorsatz, ein neues Leben zu beginnen, macht der reiche Lips nun Ernst – und Kathi zu seiner Frau:

In mir ist eine Kathilieb' erwacht … Kathi! Hier steht dein Verlebter, Verliebter, Verlobter …

Dieses Happy End ist der wohl schönste Fall eines Bundes zwischen Stadt und Land. Übrigens Land – Ferdinand Raimunds »Bauer als Millionär« ist ja auch kein unwesentlicher Beitrag des Wiener Volkstheaters zum lebensphilosophischen Glücksdiskurs. Da muss die Hauptfigur, die sinnigerweise Fortunatus Wurzel heißt, erst einmal Galläpfel aufbeißen, in denen sich vereinzelt Goldstücke verbergen – so lange, bis saurer Schweiß und Selbstüberwindung ihm schließlich zu großem Reichtum verhelfen. Der ehemalige Bauer, nun Millionär, zieht in die Stadt und führt dort ein Leben in Saus und Braus. Doch das Glück erweist sich als ein trügerisches und die »Freunde«, die bei ihm ein- und ausgehen, als ausnutzerische Parasiten. Bevor dann zu allem Überdruss auch noch das hohe Alter an seine Tür klopft, kommt es zu einer der poesievollsten Szenen, die jemals auf die Bretter des Theaters gezaubert wurden, dem Duett »Abschied von der Jugend«. Bald darauf verwandelt sich ein eben noch vom Glück verwöhnter Mann in den besten Jahren in einen am Stock gehenden alten, verarmten »Aschenmann«, der mit seiner Vergangenheit abrechnet:

So mancher steigt herum
der Hochmut bringt ihn um
trägt einen schönen Rock
ist dumm als wie ein Stock
Voll Stolz ganz aufgebläht
Du Freundchen, das ist öd …
Wie lang geht's denn noch an
Bist auch ein Aschenmann.

Um zu dieser Erkenntnis zu gelangen, bedarf es aber einer einschneidenden Unglückserfahrung. Denn solange der Mensch im Zustand des Wohlbefindens lebt, erscheint ihm das Positive als selbstverständlich und das, was sein Glück ausmacht, als alltäglich, wenn nicht gar langweilig und banal.
Erst wenn der Glückspatient vom Schicksal eine Dosis Unglück verabreicht bekommen hat, ist er in der Lage, an der Erfahrung zu reifen und die Maßstäbe seines Lebens auf sinnvolle Art neu zu bestimmen. Auch die Hauptfigur in Raimunds »Verschwender«, der reiche Flottwell, muss zuerst sein großes Vermögen wie auch die große Liebe seines Lebens verlieren, um, solcherart geläutert, zu der Erkenntnis zu gelangen, die sein treuer Bediensteter, der Tischler Valentin, im »Hobellied« ausspricht:

Da streiten sich die Leut herum
Oft um den Wert des Glücks

Der eine heißt den anderen dumm
Am End weiß keiner nix
Da ist der allerärmste Mann
Dem anderen viel zu reich
Das Schicksal setzt den Hobel an
Und hobelt's alle gleich.

Das sogenannte »Glück« beziehungsweise das Geld, zu dem es ihm verholfen hat, ist nicht mehr als das Eintrittsbillett in eine Art Schicksalscasino. Ob man am großen Spieltisch des Lebens dann auch als Gewinner aussteigt, ist höchst ungewiss, wie nicht zuletzt das gar nicht so seltene Schicksal verarmter Lottomillionäre beweist. Die beispielhaften Lotteriemillionen-Verjuxer der Theatergeschichte sind zwei Bühnenfiguren, die Johann Nestroy zum Durchbruch verholfen haben – ein Glückstreffer, über den Ferdinand Raimund dem Vernehmen nach alles andere als glücklich gewesen sein soll: Von den drei Glückspilzen – dem Schuster Knieriem, dem Schneider Zwirn und dem Tischler Leim hat jeder ein anderes Ziel: der Schuster den unbeschränkten Zugang zu geistigen Getränken, der Schneider galante Abenteuer sonder Zahl und der Tischler seine – noch – unerfüllte Liebe zu einer Frau, die er unbedingt zu der Seinen machen will. Als die drei Wandergesellen über Nacht das große Los ziehen, besteht nur der Tischler die damit verbundene Schicksalsprüfung. Die anderen beiden Versuchspersonen verschwenden ihren Anteil am gemeinsamen Lotteriegewinn, folgen dem bösen Geist Lumpazivagabundus und sind drauf und dran, im lustigen Elend zu versinken. Dass sie vom sicher scheinenden Untergang schließlich doch errettet werden, hat den simplen Grund, dass Nestroy von der stets wachsamen Biedermeier-Zensur dazu gezwungen wurde, seinem Stück vom »liederlichen Kleeblatt« ein nicht allzu glaubwürdiges Happy End mit zukunftsfrohem Schlusstableau aufzupfropfen. Auf diese Art wurde der wütende Pessimismus des Stücks am Schluss entschärft. Eine österreichische Lösung: Am Ende geht alles gut aus, ohne dass die »handelnden« Personen etwas dazu beitragen müssen. Dessen ungeachtet bricht in den Nestroy-Possen immer wieder die abgrundtiefe Skepsis des Autors durch. Und die Theaterkenner sind sich darin einig: Was Nestroy auf die Bühne gestellt hat, ist »Schopenhauer pur«, eine hochgradig pessimistische Philosophie, derzufolge der Handlungsspielraum des Menschen erbärmlich gering ist. Die Zahl der einschlägigen Zitate ist Legion. Hier nur vier der markantesten Beispiele:

> *Jeder Mensch ist von der Eisenbahn, denn jeder wird von dem eisernen Schicksal auf seine Bahn geschleudert.*
>
> *Die Macht der Verhältnisse ist der Absolutismus des Daseins, des Schicksals unabschneidbarer Zopf.*
>
> *Aus der Urne des Schicksals werden die Lose der Menschen gezogen, wenn ich den Buben beuteln könnt, der mir das Meinige gezogen hat – ich tät's.*
>
> *Das Leben ist kein Glück, denn es is' a lebenslange Straf'.*

Vor allem der Nestroy-Biograph Kurt Kahl wurde nicht müde darauf hinzuweisen, dass die Nestroy-Figuren immer wieder ins Philosophieren kommen, wobei die Gedanken sich verselbstständigen und als Monologe und Couplets die Handlung unterbrechen. Vor allem dort, wo

> *Schopenhauer, der pessimistische Zeitgenosse, in der Gestalt eines Komikers vor das Publikum tritt und singend Vorlesung hält.*

Dementsprechend klingen auch die Titel der Nestroy-Couplets so, als hätte jemand den tiefpessimistischen deutschen Philosophen ins Wienerische übersetzt:
»Man is rein dem Schicksal sein Narr«, »Und man kommt auf kein' Grund«, »Die Menschen sein Schlecht«, »Es ist nicht der Müh wert« und: »Da hört es auf, ein Vergnügen zu sein«.
Am Ende dieser Vorlesungsreihe musste das Auftrittslied des Hausknechts Muffls aus den »Früheren Verhältnissen« stehen:

> *So gibt's viel gute Menschen, aber grundschlechte Leut'.*

Viel schlechter kann man die Welt nicht beurteilen. Wäre es da nicht besser, ihr gleich ade zu sagen? Nein, denn auch wenn das Leben Leid bedeutet, können wir im Tod keinen Sinn sehen, meint Schopenhauer. Zum Selbstmord sind wir erst fähig, wenn dramatische Umstände uns die Furcht vor dem Tod nehmen, was bei allem Leid im Leben dennoch selten vorkommt. Und so hilft auch die bereits geladene Pistole in Nestroys »Schützling« der Hauptfigur Wendelin nicht weiter, wenn er sie mit den Worten beschwört:

> *Tummeln wir uns, ehe mir klar wird, dass mein Vorhaben nicht einmal einen Schuss Pulver wert ist. Und nicht wahr, du gute Pistole, dir ist es ja allereins, warum du losgehst. Was zög're ich noch? An Mut fehlt's mir nicht, nur die Hand will Umständ' machen!*

Auch wenn der Selbstmord unterbleibt, erschließt sich der Sinn des Lebens nicht. Und die Vernunft erscheint nur als ein Gaukelspiel, das uns glauben macht, wir wären in der Lage, unser Schicksal selbst in die Hand zu nehmen:

> *Der glücklichste Augenblick der Glücklichen ist doch der eines Einschlafens, wie der Unglücklichste der Unglücklichen der seines Erwachens ist.*
> ARTHUR SCHOPENHAUER

Moment! Das erinnert uns doch an einen anderen österreichischen Klassiker. In Grillparzers »Ein Traum, ein Leben« finden sich die vier Zeilen, die die Abkehr vom irdischen Geschehen, die Glorifizierung des Geschehen-Lassens und den Seelenfrieden zu einem ur-österreichischen Credo ausgestalten:

Und die Größe ist gefährlich
Und der Ruhm ein leeres Spiel
Was er gibt, sind nichtige Schatten
Was er nimmt, es ist soviel.

Besser lässt er sich nicht formulieren, der Rechtfertigungsversuch der Wiener Seele, dass sie ihre größten Geistesgaben und Leidenschaftspotenziale ungenützt lässt, sei es aus Kleinmut oder aus Bequemlichkeit. Grillparzer war selbstkritisch genug, dies zu erkennen:

> *Gescheit gedacht und dumm gehandelt,*
> *So bin ich mein' Tage durchs Leben gewandelt.*

Er war ein Feuergeist und ein politischer Mensch mit glasklar analysierendem Verstand. Aufgrund seiner Fähigkeiten hätte er sich tatsächlich seine Rolle aussuchen können: Prophet, Gesellschaftsreformer oder gar Freiheitsheld. Aber:

> *In einem Winkel seines Herzens fängt nun der Österreicher selbst zu seufzen und zu lamentieren an: »Herr, schicke einen anderen! Ich fürchte mich. Ich liebe den Frieden. Ich will meine Ruhe.«*

So schrieb Ferdinand Kürnberger in seinem Nachruf auf Franz Grillparzer und schüttet dabei posthum Kübel voller Häme auf den großen österreichischen Theater-Klassiker:

> *Er könnte ein Hannibal sein, aber vierzig Jahre lang genügt ihm ein Gang in den Nußdorfer Bierkeller, fünfzig Jahre lang ist sein weiblicher Umgang die nie berührte Braut … Vor dem Fünfzigsten hört er zu dichten auf, und bis übers Achtzigste spricht er zu allem, was da vorgeht, sein Amen, sein berühmtes »Sei's«. Dreißig Jahre lang lebt er von dieser einen Silbe – weniger kann auch eine Sphinx nicht tun. In der Tat liegt er neben dem Stephansturm wie die Sphinx neben der Pyramide, und man meint, der Stephansturm ist der jüngere von beiden …*

Auch in der Liebe hat Franz Grillparzer exemplarisch vorgelebt, wie einer an seinem Glück mit traumwandlerischer Sicherheit vorbeigehen kann. Er war noch jung, aber nach dem Erstlingserfolg seiner »Ahnfrau« schon ein gefeierter Burgtheaterdichter, als er in wilder Leidenschaft für die Schauspielerin Henriette Theiner entflammte. Also sandte er ihr anonym ein selbstverfasstes Liebesgedicht in die Theatergarderobe:

Schlicht diesen Sturm von kämpfenden Gefühlen
Gebiete diesem wildempörten Blut,
Lass meinen Blick in diesen Reizen wühlen,
Lass mich der heißen Lippen Fieberglut
In dieses Busens regen Wellen kühlen …

Dann aber verlässt ihn die Courage. Aus Angst vor seiner eigenen Verletzlichkeit scheut er das Risiko von Abfuhr und Enttäuschung und trifft eine für sein späteres Leben charakteristische Entscheidung: lieber von vornherein resignieren und nachher sein trauriges Schicksal beklagen.
Jahre später sollte er erfahren, dass er sich damit selbst um sein Glück geprellt hatte. Er hörte von einer jungen Schauspielerin, die sich in das Gedicht eines anonymen Autors verliebt hatte, für den sie nur allzu gern alle anderen Verehrer stehengelassen hätte. Grillparzer verlangte das Gedicht zu sehen und fand – sein eigenes. Da muss er sich vorgekommen sein wie Cyrano, der elegante Verseschmied, der im Rührstück von Rostand seine Anziehungskraft als Mann ebenfalls schwer unterschätzt hatte. Und so sah sich Grillparzer wieder einmal in seinem quälenden Selbstvorwurf bestätigt, im Leben alles falsch gemacht zu haben.

Jedenfalls verhielt er sich im krassen Widerspruch zu dem, was er in einem Gedicht gepredigt hatte:

Lebt der Mensch zu seinem Glücke?
Lebt der Mensch zu seiner Qual?
Fragen weinend meine Blicke
Euch, ihr Sterne ohne Zahl

Kämpfe kühn mit dem Geschicke!
Nein, du lebest nicht zur Qual!

Himmelan, zum ewigen Glücke
Führt dein Weg durchs Sorgental

Es ist eine für den Wiener sehr typische Eigenart, dass seine Gedanken im Alltag viel zu oft zwischen Vergangenheit und Zukunft hin- und herpendeln. Aber »glücklich sein« ist ein punktuelles Hochgefühl, das ausschließlich in der Gegenwart stattfinden kann. Es ist nichts Lineares, das sich auf Dauer halten kann. Glück ist nicht das große Ereignis in unserem Leben, sondern die Summe vieler kleiner Augenblicke, die nicht gestern waren oder morgen vielleicht sein werden, sondern die heute sind.

Nun ist ja gerade der Wiener ein großes Glückskind. Nur ist er sich dessen nicht immer bewusst: Er lebt in einer der sichersten und schönsten Städte Europas, umringt von Kunst und Kultur. Essen und Trinken sind von hoher Qualität. Und auch wenn er selbst es nicht zum Künstler bringt – zum Lebenskünstler schafft er es mit seinen vielseitigen Begabungen allemal.

Erstens will ich fröhlich sein
Zweitens mich vergnügen
Drittens ist die Erde mein
Das sollte doch genügen

Aber ich
Fürchterlich
Hab auch noch das Weltall
Und die Zeit
Und den Raum
Sowieso man glaubt es kaum
CONRAD BAYER

Ich kenn' kein Traurigsein

Der Wiener Humor als Überlebenshilfe

Eine Pointe ist etwas,
das einem nicht einfällt,
wenn man es gerade
am dringendsten braucht.
PETER WEHLE

Was ein Volk erheitert, was es lustig oder auch komisch findet, verrät sehr viel über sein Wesen und seinen Charakter. Denn es gibt nichts Eigentümlicheres als den Humor. Der Sinn fürs Heitere ist etwas, das Menschen miteinander verbindet oder auch voneinander unterscheidet. (»Different jokes for different folks« – auf Wienerisch etwa: »Verschiedene Leut' lachen über verschiedene Sachen.«)
Nun hat man ja gerade den Wienern zu allen Zeiten eine ganz besondere Humorbegabung attestiert. Das tat schon Josef Petzl, ein aus Deutschland nach Wien zugewanderter Autor. 1786 klopfte er den munteren Bewohnern der Donaustadt auf die Schulter, weil sie imstande waren, auch den unangenehmen Dingen des Lebens eine heitere Seite abzugewinnen:

> *Die Wiener bringen gute Laune mit sich auf die Welt … Das ist freilich nicht immer eine überlegte, aus Grundsätzen hergeleitete Tugend, sondern meistens nur die Wirkung eines glücklichen Temperaments, das auch mit einer derben Dosis von Sorglosigkeit und Bequemlichkeitsliebe einhergeht.*

Bei aller Bewunderung des Wiener Humors konnte Petzl also seine deutsche Herkunft nicht ganz leugnen. Denn ein echter Wiener würde niemals die Stirn darüber runzeln, dass der

Humor zu wenig philosophisch fundiert, sondern »nur« eine Naturgabe ist.
Dass es sich dabei um ein von der Natur gegebenes Sondertalent handelt, sagt ja schon der Begriff »Humores« – so nannte man bis ins 16. Jahrhundert die Körpersäfte, die für unsere Temperamente, Stimmungsschwankungen und Krankheiten verantwortlich sind. Später verstand man darunter nicht mehr die Säfte selbst, als vielmehr ihre Wirkungen, also die Launen und Extravaganzen des menschlichen Charakters. Und die haben jeweils ihre bestimmte Zeit. So konstatierte Moritz Gottlieb Saphir vor etwa zweihundert Jahren:

In Berlin werden nur vormittags Witze gemacht ... In Wien nur nachmittags. Denn die Berliner sind nur witzig, wenn sie hungrig sind. Der Wiener Witz kommt aus einem vollen Magen, der Berliner Witz aus einem hungrigen ...

Aber ist es wirklich nur die Sattheit und die gute, weil humorvolle Verdauung trauriger Tatsachen, die den Wiener Witz zu einem besonderen solchen macht? Oder sind es doch eher die besagten Säfte und Fermente, die den Wienern Appetit darauf machen, mit Worten zu spielen und sie in ihren unterschiedlichen Bedeutungen gegeneinander auszuspielen?
Einer der Größten dieser artistischen Disziplin ist Georg Kreisler, der in einem seiner Chansons davor warnt, die Redensarten über einen Leisten zu biegen.

Von allen Wörtern hört man heut' am meisten
Das Wort: Ein Schuster bleibt bei seinem Leisten,
Doch sagt das jemand mir, sag ich: »Was schreist' denn?«
Ich kann mir meine Leisten nicht mehr leisten ...
Was mach ich, wenn ich keinen Leisten hab',
bei dem ich bleiben kann?
Und hinter meinem Ohr zu wenig Platz,
wohin ich schreiben kann?

Früh übt sich, was ein Meister des Wortspiels werden will. Schon 1931 schrieb der junge Karl Farkas zu einer Melodie von Ralph Benatzky den legendären Text:

Pflück ich mit ihr Ribis'l,
Zwick ich sie ins Knie bissl.
Pflücken wir Spitzwegerich,
Gor nicht lange zöger' ich.
Sie macht lächelnd ihre Knickse,
Doch die Nixe ist a schicke
Frau und gab sich gern mir hin,
Wenn der Mondschein schon schön schien.

Ein grandioser Abschluss, dieser vierfache Stabreim (ursprünglich eine Erfindung der alten Germanen, wieder aufgenommen im 19. Jahrhundert – *w*as *W*under *w*enn *W*agner *w*egweisend *w*ar). Aber bei aller Bewunderung für die artifizielle Seite des verspielten Reimeschmiedes muss man doch der Disziplin den höheren Anspruch zugestehen, die nicht nur mit Worten, sondern auch mit Sprachbildern jongliert.
Ein Meister dieses Fachs war Moritz Gottlieb Saphir. Des Biedermeiers liebster (aber auch umstrittenster) Theaterkritiker und einer der begabtesten österreichischen Aphoristiker wusste sehr gut, dass der Witz wie ein Hund ist, der jedem Herrn dient, der ihn in Liebe abzurichten weiß:

… jeder Mensch müsste seinen Witz an einem Stricke führen, und so wie man manchmal nicht weiß, führt der Herr den Hund spazieren oder führt der Hund den Herrn spazieren, so weiß man manchmal auch nicht, führt der Mann den Witz oder führt der Witz den Mann!

Diese Form des Wortspiels, bei der die Begriffe gekreuzt werden (Herr–Hund, Hund–Herr; Mann–Witz, Witz–Mann) nennt man Chiasmus – nach dem griechischen Chiasma, der Kreuzstellung. Dieses Kreuz spielt bezeichnenderweise in der Ehe eine große Rolle, weil:

Nicht aus jeder alten Liebe eine liebe Alte wird.

Und wenn der Ehemann ums traute Heim schleicht, weil er sich nicht heimtraut, dann seufzt er:

... was d' alles brauchst, bis d' eine hast;
aber wenn's d' eine hast, na mehr brauchst' net!

Der Wiener Witz entsteht aus der Lust am Fabulieren, er ist das Ergebnis einer ständig arbeitenden verbalen Assoziations-Fabrik, die laufend neue Wortschöpfungen auf den Markt bringen muss, weil ihr das vorhandene Vokabular nicht genügt.
Der Wiener hasst es, in Rätsel zu sprechen, viel lieber redet er in Bildern. Da ihm weder die normative noch die deskriptive Sprache ausreicht, um seine Launen, Phantasien oder emotionalen Befindlichkeiten entsprechend widerspiegeln zu können, hat er irgendwann einmal beschlossen, die Dinge nicht zu beschreiben, sondern sie zu umschreiben. Indem er die Dinge nicht beim Namen nennt, bringt er sie auf den Punkt. Indem er dem Unsagbaren einen poetischen Mantel umhängt, macht er es sagbar:

Wo krieg ich denn
billig nur g'schwind a Hyäne
die, dich zu zerfleischen,
mir leiht ihre Zähne?
JOHANN NESTROY

Historisch groß geworden mit Märchen und Allegorien (Raimund), von Kindesbeinen an vertraut im Umgang mit aus der Not geborenen Phantastereien und Hirngespinsten (Nestroy), hat der Wiener die einzigartige Fähigkeit entwickelt, in jenen bildhaften Gleichnissen oder Metaphern zu sprechen, von denen ein Nicht-Wiener kein Wort versteht und nur erahnen kann, was damit gemeint sein könnte. Im »Talisman« lässt Johann Nestroy den Titus Feuerfuchs angesichts neuer Karrierechancen euphorisch ausrufen:

Das Schicksal ruft: »Schön herein da!« Ich folge diesem Ruf und bringe mich selbst als Apportel!

Bei H. C. Artmann schlägt sich das Leben in der Wiener Vorstadt wortreich nieder:

Das Klosett rauscht wie eine ferne Drohung und durchschneidet die Stille des Sonntagnachmittags …

Artmanns Vorstadtpandemonium ist wie eine zeitgemäße Einkleidung der Figuren von Hieronymus Bosch:

… ihre Augen glänzten fröhlich wie Froschlaich …

… ein furzfarbener Diaboliker …

… das Gift brodelt über den Häferlrand seiner finsteren Psyche …

Bilder des Dämonischen und Gespenstischen in grellen Pastellfarben hinzuzaubern, war schon eine Spezialität Nestroys:

Phantasiegespinste, in den Hohlgängen unseres Gehirns erzeugt, die manchmal heraustreten aus uns … – erlosch'ne Augen rollen, leblose Zähne fletschen und drohende Knochenhände reiben auf zu einer modrigen Grabesohrfeige …

Eine gewisse Distanz zu den Dingen zu haben, das Komische in einer Situation zu sehen und vor allem über sich selbst lachen zu können – ist das angeboren, ist das erlernbar? Angeboren jedenfalls, erlernbar allenfalls! Humor ist eine prinzipielle, gelassene Gemütsverfassung, die manchen Menschen eigen ist und manchen nicht. Punkt. Auf seine Art kam George Bernard Shaw der Sache am nächsten:

Humor ist das, was man am schmerzlichsten vermisst, wenn es ein Mensch nicht hat.

Für den Wiener, der ihn hat, ist der Humor ein Rettungsring im (Donau-)Strom des Lebens. »Heiter auch in ernsten Zeiten« war der Titel eines Johann-Strauß-Walzers am Höhepunkt einer Cholera-Epidemie.
Wir alle wissen, was uns an Gefahren umgibt: Überbevölkerung und Unterernährung, Terrorismus und Atomaufbereitungsanlagen – rundherum nichts als Horror. Wie soll man damit zurechtkommen, wenn nicht mit einer ordentlichen Portion Humor? Schlag nach bei den Wiener Klassikern der Doppelconférence:

Waldbrunn: Wie viele Geschwister besitzest du?
Farkas: Einen Bruder. Er ist Atomwissenschaftler. Er arbeitet bei Tag und Nacht.
Waldbrunn: Warum bei Tag und Nacht?
Farkas: Bei Tag macht er im Laboratorium Versuche, wie er eine noch stärkere Atombombe herstellen könnte …
Waldbrunn: Und bei Nacht?
Farkas: Betet er, dass es ihm nicht gelingen möge.

Diese Passage erinnert an den No-Future-Dialog, den Lukas Resetarits in der Doppelrolle als »Papa und Sohn« spielt.

Papa: Ob Krieg oder Frieden, alles hat seine positiven Seiten, da ham mir nix zum Sagen! Da geht's um Wichtigeres.
Sohn: Was wäre denn wichtiger als der Frieden?
Papa: Burli, da hast du wirtschaftlich keine Ahnung. Arbeitsplätze beispielsweise – und dann schau dir an die Überbevölkerung, so ein Krieg tät uns doch wieder a bisserl Platz schaffen!
Sohn: Uns? … Und was is', wenn es net mir san, die überleben?
Papa: Dann hamma Pech g'habt!

Die Wiener waren schon immer ein bisschen subversiv. Vielleicht hat es auch historisch damit zu tun, dass Österreich so lange eine Monarchie war; ein sehr obrigkeitsgläubiger, zentrierter Staat, in dem man als kleiner Mann nichts zu sagen hatte. Da brauchte er den Humor als eine Art Hintertür, um die ihm vorenthaltene Luft der Freiheit zu schnuppern. Dass der Witz sich erst seine Schlupflöcher durch die Maschen der Zensur suchen muss, ist eine österreichische Erfahrung quer durch die Jahrhunderte. Zu Metternichs schlimmsten Zeiten machte eine Scherzfrage die Runde:

> *Welches Satzzeichen lieben die Zensoren am meisten? – Den Gedanken-Strich!*

In den witzigen »Eipeldauer-Briefen« räsoniert Joseph Richter über die unterdrückte Pressefreiheit:

> *Die Autoren müssen alle abgestorben sein … Es kommt kein einziges g'scheites Büchel mehr heraus. Wie mir ein braver Herr im Vertrau'n g'sagt hat, is' jetzt's Schreiben z'Wien stark verboten, aber's Denken is' noch erlaubt.*

Nach dem Anschluss an Nazideutschland grassierten in Wien bemerkenswert viele Sprüche, die volkstümlich pointiert zum Ausdruck brachten, dass die Zeichen schon wieder auf »Skepsis« standen.

> *Ein Volk, ein Reich, ein Führer,*
> *Der gleiche Dreck wie früher.*

»Nichts sehen, nichts reden, nichts hören« war das Überlebensgebot einer Zeit, in der sich der Unmut über die Unmenschlichkeit der neuen Machthaber nur im Flüsterton Luft machen konnte. Damals kursierte auch ein »Gebet«, dessen bitterer Humor Bände spricht:

> *Lieber Gott, mach mich blind,*
> *Dass ich alles herrlich find'.*
> *Lieber Gott, mach mich taub,*
> *Dass ich all den Unsinn glaub'.*
> *Lieber Gott, mach mich stumm,*
> *Dass ich nicht nach Dachau kumm.*

Blind und taub und stumm zugleich,
Bin ich reif fürs Dritte Reich.

Die ehemalige Hauptstadt Österreichs, über Nacht zu einer Provinzstadt degradiert, wurde zu einer Metropole der oppositionellen Witze, die freilich nur hinter vorgehaltener Hand erzählt werden konnten. Zum Beispiel der über den Reichspropagandaminister:

Joseph Goebbels hat sich auf seinen Wien-Besuch durch einen Schnellsiederkurs in der Ost-Ostmärkischen Sprache vorbereitet. Jetzt weiß er, dass ein »Madl« ein Mädchen ist, ein »Blattl« ein Blättchen und dass man »Käse« meint, wenn man »Kas« sagt. Als er nun in der Meierei Cobenzl sitzt und die Speisekarte studiert, fällt sein Blick auf die Käseplatte, und er bestellt »A Kasblattl«. Worauf ihm der Ober den »Völkischen Beobachter« bringt.

Missverständnisse, wohin man schaut: Da hält der Reichsbauernführer eine große Ansprache vor den versammelten »ostmärkischen« Bauern. Ein Bäuerlein von kleinem Wuchs möchte den Redner auch sehen. Da hebt ihn ein größerer hoch:

Siechst ,n iatzt? [Siehst du ihn jetzt?] – An Dreck siech' i! – Dös is er!

Als die Tage des »tausendjährigen Reiches« schon gezählt sind, glauben einige Unentwegte noch immer an den »Endsieg«. Ein Witz handelt von einem Lehrer, der seinen Schülern eine zukunftsweisende Hausaufgabe stellt: Sie sollen mit ihren Eltern beraten, welche Fremdsprache sie erlernen wollen; die Kenntnis einer solchen sei von Vorteil, wenn man als neuer Kolonialherr die rundum besiegte Welt bereisen werde. Anderntags erzählen die Schüler eifrig vom Ergebnis ihrer häuslichen Beratungen. Die einen wollen Englisch lernen, die anderen Französisch, je nachdem, welche Länder und Kontinente man bevorzugt. Aufsehen erregt der kleine Franzi – nicht nur, weil er sich für Russisch entschieden hat, sondern weil er diese Wahl auch offenherzig begründet:

Mein Vater hat gesagt, wir bleiben in Wien.

Und genau so, wie der kleine Franzi das Weltgeschehen prophezeit hat, ist es dann auch passiert.

Nun könnte man endlos darüber streiten, ob der Witz überhaupt eine »ernsthafte« Form des Widerstands sein kann oder ob er nicht bloß ein Ventil ist, durch das der verärgerte Bürger Dampf ablassen kann, um sich dann – vom Aggressionsstau erleichtert – wieder schicksalsergeben mit dem herrschenden System abzufinden. Das klingt plausibel. Aber weshalb verfolgen dann die totalitären Systeme die Witzeerzähler mit einer derartigen Unerbittlichkeit? Was übrigens auch einen Witzklassiker entstehen ließ:

Was gibt es für einen neuen Witz? – Drei Jahre Zuchthaus.

Auch der treffendste Witz wird die Bürger nicht auf die Barrikaden treiben – und wahrscheinlich haben jene Psychologen Recht, die darin nicht mehr sehen als eine harmlos sichere Aggressionsabfuhr. Was den politischen Witz dennoch so gefährlich erscheinen lässt, ist seine Respektlosigkeit gegenüber einer Ideologie im Rang einer Staatsreligion und gegenüber einer zutiefst humorlosen Kaste von politischen Hohepriestern, denen es natürlich im Herzen weh tut, wenn ein witziger Sager sozusagen »blitzartig« die Schwächen ihres angeblich unfehlbaren Systems erhellt. So etwas ist immer ein Signal: Das Volk ist zwar noch gefügig, aber es denkt sich bereits seinen Teil.

Graf Bobby lässt sich von der Gestapo anheuern und begegnet seinem alten Freund Rudi. »Servus Rudi!« – »Servus Bobby!« – Was hältst du vom Dritten Reich, Rudi?« – »Dasselbe wie du, Bobby …« – »Dann muss ich dich leider verhaften!«

Ein Paradebeispiel für ironische Untertreibung hat Professor Sigmund Freud bei seiner erzwungenen Emigration aus Wien geliefert. Vor seiner Ausreise musste er der Gestapo noch schriftlich bestätigen, dass er mit einer seinem »wissenschaftlichen Ruf gebührenden Achtung und Rücksicht« behandelt wurde: Freud erbat, ein Übriges tun zu dürfen, und schlug den persönlichen Zusatz vor:

Ich kann die Gestapo jedermann aufs beste empfehlen.

Und das ist das höchste Heldentum des Humors, das sich zum Schein auf den unmenschlichen Irrsinn einlässt, um ihn durch die Menschlichkeit des eigenen Witzes zu entlarven:

Zwei Juden wollen direkt an Hitler ein Gesuch um Auswanderungsgenehmigung stellen. Sie können sich aber über die Anrede in ihrem Brief nicht einigen.
»Majestät? Passt nicht für einen Maler.«
»Dann vielleicht Herr Diktator?«
»Noch schlechter.«
»Ich hab's! Wir schreiben: Sehr geehrter Herr. Durch Ihr Buch ›Mein Kampf‹ auf Sie aufmerksam geworden …«

Zurück zu Sigmund Freud, dem Seelendoktor, der in seinem einschlägigen Werk versucht hat, den »Witz und seine Beziehung zum Unbewussten« einer systematischen Klärung zuzuführen: Da sind einmal die Techniken des Wortwitzes, zuvorderst die »Verdichtung«, bei der durch das Zusammenziehen zweier Begriffe eine anspielungsvoll-witzige neue Bedeutung entsteht:

»Sie sind verheiratet?«
»Trauring, aber wahr.«

Als Beispiel der »Mischwortbildung« führt Freud das Wiener Witzwort über den Börsensenat Salinger an, der allgemein »Sensalinger« genannt wurde, während sein Bruder den bösen Spitznamen »Scheusalinger« erhielt.

Eine weitere Witzgattung des Freud'schen Witze-Katalogs beruht auf einer Umgruppierung von Wortmaterial; das eine Mal wird es im landläufigen Sinn, das andere Mal in einer übertragenen Bedeutung verwendet. Freud illustriert dies am Beispiel einer frivolen Anspielung auf die Geschäftstüchtigkeit eines Wiener Ehepaares:

Das Ehepaar X lebt auf ziemlich großem Fuß. Nach der Ansicht der einen soll der Mann ziemlich viel verdient und sich dabei etwas zurückgelegt haben, nach anderen wieder soll sich die Frau etwas zurückgelegt und dabei viel verdient haben.

»Ein geradezu diabolisch guter Witz … und mit wie geringen Mitteln er hergestellt ist!«, lobt Freud dieses Zitat aus einem Feuilleton von Daniel Spitzer.
Dass der Kontrast zwischen den verschiedenen Bedeutungen gleichlautender Worte häufig Witze hervorbringt, zeigt sich vor allem beim »Nehmen«, beim »Gehen« und »Sehen«, also bei Worten, die teilweise im aktiven Sinn verwendet werden, häufiger aber als bloßes Hilfswort einer Floskel:

»Wie geht's?«, fragt der Blinde den Lahmen. »Wie Sie sehen!«, antwortet der Lahme dem Blinden.

Als dritte und letzte Gruppe der Gattung Wortwitz nennt Freud die Doppelsinn-Technik. Aber bereits hier sind häufig Überschneidungen mit der vorigen Gruppe zu konstatieren – gerade die witzigsten Beispiele des »Doppelsinns« verwenden das »nämliche« Wortmaterial in zweierlei Bedeutung:

Der Arzt, der vom Krankenbett der Frau weggeht, sagt zu dem ihn begleitenden Ehemann kopfschüttelnd: »Ihre Frau gefällt mir nicht.« Daraufhin der besorgte Gatte: »Mir gefällt sie schon lange nicht.«

Häufig ist der Witz auch nur ein Halbfertigprodukt, das wir in unserer eigenen Phantasie vollenden müssen. Bei dieser Gedankenwitz-Technik muss der Hörer erraten, was ausgelassen oder übersprungen wurde. Diese Art von Witz ist dem Rätsel nicht unähnlich. Was da erraten werden muss, ist aber nicht die Lösung, sondern der unausgesprochene Zusammenhang, das Zwischenglied der Gedankenkette. Und sobald beim Zuhörer Verständnis aufblitzt, zündet auch der Funke der Heiterkeit:

»Ich habe mich gestern mit meiner Frau gestritten.«
»Und wer hat gewonnen?«
»Der Juwelier!«

Eine gelungen Auslassung, fürwahr! Erst reagiert man verblüfft: »Moment, da stimmt doch etwas nicht!« Doch gleich darauf ist man hocherfreut, dass man sich die unvollständigen Witzelemente ganz selbstständig zusammenreimen konnte. Daher ist das plötzliche Kapieren eines Witzes nicht weniger befriedigend als die Erkenntnis einer neuen Wahrheit.

Aber trotz dieses Lustgefühls stellen wir immer wieder fest, dass wir uns sogar die Witze, die uns besonders gut gefallen haben, einfach nicht merken können, was Freud als »Hinweis auf ihre Abkunft aus dem Unbewussten« wertet und Georg Kreisler auf die Art schildert:

Sein Freund der Fritz habe ihm einmal einen Witz erzählt, über den er sehr lachen musste. Also, wie ging denn der gleich …

Es trifft der Blau den Grün
– vielleicht auch umgekehrt –
und sagt: »Wie geht es dir?«
Drauf sagt der Grün zum Blau
– vielleicht auch umgekehrt –
»Ich hab' kein Geld bei mir.«

Sie reden dies und das,
worüber, weiß ich nicht.
Ein Wort löst's andre ab.

Dann kommt der Kohn dazu,
und der sagt auch etwas,
was ich vergessen hab …

Und dann kommt die Pointe …
Grad die weiß ich nicht mehr …
Der Witz war aus.
Der Fritz ging weg …
Mein Herz war schwer.

Was ein tendenziöser Witz ist, demonstriert Freud am Beispiel der boshaften Formulierungen eines Wiener Zeitgenossen, des Herrn N., wie er ihn nennt:

Ja, ja, die Eitelkeit ist eine seiner vier Achillesfersen.

Unliebsame Charaktere in die Welt der Vierbeiner zu verweisen war offenbar eine Spezialität dieses Herrn N., denn von einem Ackerbauminister, der zurückgetreten war, um sich der eigenen Landwirtschaft zu widmen, sagte er:

Er ist auf seinen Platz vor dem Pflug zurückgekehrt.

»Vor dem Pflug« – wohlgemerkt. Ohne dass dies ausgesprochen wurde, musste der Zuhörer lachend zu dem Schluss kommen, dass es sich hier um einen rechten Ochsen handelt. Herr N. hatte es auf Persönlichkeiten der Politik abgesehen. Von einem Mann, der einmal als Hoffnungsträger seiner Partei gegolten hatte, jetzt aber resignieren musste, sagte er trocken:

Er hat seine große Zukunft hinter sich.

Warum bereitet uns der tendenziöse Witz eine besondere Lust? Wohl deshalb, weil darin Dinge zum Ausdruck kommen dürfen, die man als zivilisierter Mensch nicht direkt und unverblümt aussprechen darf. Hätte Herr N. den Landwirtschaftsminister einen »Ochsen« geschimpft, dann hätte ihm das keine Lacher eingebracht, sondern eine Ehrenbeleidigungsklage.

Der Lustgewinn einer geistreichen Schmähung verbirgt sich demnach in der Möglichkeit, die ethischen und ästhetischen Schranken zu umgehen und dafür auch noch als Sieger zu gelten. Das Opfer ist in jedem Fall gut beraten, wenn es gute Miene zum bösen Spiel macht, will es nicht riskieren, dass man gleich noch einmal auf seine Kosten lacht.
Soweit Sigmund Freud. Der Wiener Humor ist aber auch heute noch ein Thema für die Wissenschaft. So wollte beispielsweise das Institut für Zeitgeschichte der Wiener Universität im Jahr 2008 das Phänomen »Wiener Schmäh« von Grund auf erforschen. Was dabei herauskam, ist größtenteils schlüssig, wenn auch nicht sehr aufschlussreich. Der Weisheit letzter Schluss:

> *Der Schmäh ist kein Witz mit abgeschlossener Pointe, der monologisch funktioniert. Vielmehr entsteht er im Dialog.*

Dass der Wiener Schmäh in jedem Fall ein dialogisches Ping Pong erfordert, stimmt nicht ganz. Denn er kann sich natürlich auch als solistische Einlage präsentieren. Die Frage ist nur: Wie lange? Denn ohne die Chance, sich an ebenbürtigen Gesprächspartnern hochzuschaukeln, wird auch dem begabtesten Schmähführer irgendwann einmal der kreative Atem ausgehen.

Die Wurzel des Wortes »Schmäh« kommt vermutlich aus dem jiddischen »Schmuje« und bedeutet Unterhaltung oder Gespräch. Es kommt aber auch das hebräische »Schemua« infrage, was so viel heißt wie Gerücht oder Neuigkeit. Möglicherweise spielt aber auch das mittelhochdeutsche »Schmähen« mit hinein – vor allem dort, wo einer den anderen »am Schmäh hält«. Und das ist eine Kunst, die in Wien nicht nur als Breitensport, sondern auch als elitäre Disziplin betrieben wird. So war der Literatur- und Kritikerpapst Hans Weigel dafür bekannt, dass seine Neigung zum Sticheln und Hänseln auch vor Dichterkollegen nicht Halt machte. Eines seiner Lieblingsopfer war Heimito von Doderer, der Autor der seitenstarken »Strudelhofstiege«. Über ihn hat Weigel einmal gespottet:

Er schreibt jetzt einen Roman, dessen Handlung darin besteht, dass einer über die Ringstraße geht. Die ersten tausend Seiten sind schon fertig.

Die Schmäh-Forscher meinen, entdeckt zu haben, dass dieser Ausdruck »erst in den letzten beiden Jahrzehnten des zwanzigsten Jahrhunderts breitenwirksam geworden ist.« Hier irrt die Wissenschaft. Dabei hätte sie sich nur bei Alt-Eingesessenen kundig machen müssen, die das Wort schon in ihrer Kindheit und Jugend in Gebrauch hatten.

Ein Zauberwort, das sich tatsächlich erst in den Achtzigern im alltäglichen Sprachgebrauch eingenistet haben dürfte, ist – im Zusammenhang mit dem Schmäh – »die Wuchtl«. Ein Wiener Spezialausdruck, der bis dahin nur als Synonym für das runde Leder im Fußballsport zum Einsatz gekommen war. Das ist eine Art »Prädikat wertvoll« für jede Art von witzigem Sager, den jemand spontan und aus einer Situation heraus abgesondert hat. Ein gelungenes Bonmot als »Wuchtl« zu bezeichnen, zeugt an und für sich schon von einem traumwandlerischen Ball- und gleichzeitig auch Sprachgefühl. Denn so, wie ein Ball entweder im Tor oder im Out landen kann, kann auch eine witzige Bemerkung entweder ins Schwarze treffen oder daneben gehen. Dieses Bild ließe sich natürlich auch auf andere Ballsportarten übertragen. Auf Golf beispielsweise. Was beim Witz die Pointe, ist beim Golfsport das Loch, wo der Ball im Idealfall landet. Witze ohne Pointen sind so lustig wie Golf spielen ohne Löcher. In jedem Fall haben Ball und Witz etwas ganz Wichtiges gemeinsam: Am Ende ihres Weges steht entweder ein Lust- oder ein Frustgefühl. Es sei denn, man ergötzt sich am reinen Selbstzweck. So wie schon Hans Weigel treffend vermerkt hat, ist das, was die Österreicher beim Spiel vom Sieg trennt, in ihrer Verspieltheit zu finden:

Tore schießen ist indezent … nicht auf das Resultat kommt es an, sondern auf das Spiel, nicht auf das Ziel, sondern auf den Weg. Heilig sind die Mittel, die keinem Zweck dienen, gepriesen sei die Relativität des »trotzdem« Erreichten … Andere mögen Tore schießen, tu felix Austria spüüüü!

In ähnlicher Weise philosophiert Alois Brandstetter über den eigentümlichen Ehrgeiz heimischer Prägung und den sogenannten »Heimvorteil der österreichischen Fußballer«:

Wo bleibt der Humor, fragt man sich angesichts des schnörkellosen und nüchternen Spiels vieler ausländischer Mannschaften: Habt ihr denn keinen Funken Mutterwitz, ihr klobigen Athleten? Manchmal macht einer von den unsrigen schnell einen Spielwitz, und das ganze Stadion schmunzelt belustigt.

Nebenbei bemerkt können unsere Fußballer auch über das Spielfeld hinaus einen glänzenden »Spielwitz« an den Tag legen. Ein zeitgenössisches Beispiel dafür ist der Alt-Internationale Toni Polster, der keine Gelegenheit auslässt, eine »Wuchtel zu drucken«. Damit knüpft er an eine große Tradition an, wie eine Anekdote aus der Fußballgeschichte beweist:

Der Star des österreichischen Wunderteams der dreißiger Jahre war der Mittelstürmer Mathias Sindelar. Man gab ihm den liebevollen Spitznamen »der Papierene«, denn er war von zarter Statur und pflegte leicht wie eine Flaumfeder über das Fußballfeld zu schweben. Als ihm bei einem Gastspiel in London aus königlich-britischem Mund attestiert wurde, dass er eine ebenso wichtige wie schöne Position in seiner Mannschaft hat, spielte Sindelar dieses Kompliment mit »Wiener Schmäh« zurück: »Sie hab'n aber a ka schlechte Hack'n, Majestät.«

Ich bin halt ein Wiener, ich kann nichts dafür

Lebensweisheiten in Wienerliedern und Dialektsongs

Ja, hätt' ma's net, so tät' mas net
So sag'n s' bei uns in Wean
Bevor a Weana schlafen geht
Muss er sei' Musi hör'n
A Maderl noch zur Seligkeit
Nur ka Alkoholverbot
Man lebt ja nur so kurze Zeit
Und ist so lange tot
Altes Wienerlied

Wer Wien und die Wiener verstehen möchte, so meinte Hans Weigel, der sollte zuerst einmal das Wienerlied unter die Lupe nehmen – und zwar »ungeachtet seiner gelegentlich schauerlichen Texte«. Das Wienerlied ist tatsächlich so etwas wie ein gültiges Psychogramm. Weil sich der Wiener selbstverliebt darin spiegelt, verrät es, was dem Wiener aus der Seele spricht, oder besser – zu bestimmten Zeiten aus der Seele gesprochen hat. Dabei sind die Texte nicht für die strengen Augen eines Literaturkritikers geschrieben, sondern so zu verstehen, wie das in der »goldenen Zeit« dieses Genres Wilhelm Wiesberg und Johann Sioly in die Form eines populären Refrains gebracht haben:

Das hat ka Goethe g'schrieb'n
Das hat ka Schiller 'dicht'
's ist von kan Klassiker, von kan Genie …
… und 's is halt doch so voller Poesie.

In dieser Poesie kommen einerseits die alltäglichen Gefühle zum Ausdruck, andererseits aber auch – als zeitlose Konstante – der Stolz auf die einmaligen und die vermeintlich einzigartigen Qualitäten der Wiener Stadt und seiner Bewohner. Dass es dabei mehr auf die Emotionen ankommt als auf die Regeln der Kunst, war auch dem sonst so strengen Literaturpapst Weigel klar. Nicht zuletzt deshalb war es ihm möglich, auch selbst als Texter von Wienerliedern mit so gelungenen Verszeilen wie diesen aufzuwarten:

Ich bin aus Wien, man merkt's schon von der Weiten
Ich bin aus Wien – sogar in Wien gebor'n
Und drum tut Wien mir viel, ja all's bedeuten
Ich hab wo anders wirklich nix verlor'n
Und gibt's in Wien auch manchmal nix zu lachen
Bedroh'n ein' häufig auch Schläge des Geschicks
Ich bleib bei Wien, da kann man halt nix machen
Denn außer Wien, da kenn' i nix

In der darauffolgenden Strophe wird eine »Weltsicht« beschrieben, die in Nussdorf ihren Anfang nimmt und nicht weiter geht als bis Kagran. Die Lobau ersetzt den Ozean, und die Grenze im Süden wird durch die Spinnerin am Kreuz markiert. Der Heimweg beginnt also praktisch schon vor den Toren der Stadt, sodass Orte wie Fischamend bereits wie »der tiefste Orient« erscheinen und Amstetten »auf einem anderen Planeten liegt«.
Hans Weigel war scharfsinnig genug, zu erkennen, dass zwischen Frohsinn und Kitsch, zwischen Wehmut und Rührseligkeit ein schmaler Grat liegt, den man nur mit augenzwinkernder Ironie bewältigen kann.

Wenn man die Texte der ältesten Wienerlieder untersucht, dann wird man feststellen, dass dort die schmalzigen Töne und die unechten Gefühle selten sind. Dafür kommt immer wieder eine gesunde Portion Witz zum Vorschein. Dafür verbürgte sich 1892 ein Dichter wie Ferdinand von Saar, wenn er in seinen »Wiener Elegien« die geliebten Überreste besserer Zeiten preist:

Lieder erschollen, urwüchsig und derb, mit verfänglichen Texten,
Wie sie satirischen Hangs, drastisch der Wiener ersinnt.

In puncto Spritzigkeit und Originalität können es manche dieser alten Gustostücke sogar mit einem Nestroy-Couplet aufnehmen. Wenn etwa ein Bruder Leichtsinn erzählt, er habe seinem Vater auf die Frage, was er denn werden wolle, immer wieder versichert:

Wann ich mir's wirklich aussuchen könnt',
Dann hätt' ich zum Nichtstun das größte Talent.

Sein Vater steckte ihn dann trotzdem zu einem Schneider in die Lehre. Aber das konnte natürlich nicht lange gutgehen:

Von dort bin i fort,
Hab's net ausg'halten mehr,
mir ist die Arbeit einfach z'schwer!
Ich hab's doch g'sagt, ich hab's doch g'wußt,
I bin z'schwach auf der Brust,
I bin schwach auf der Brust.

Von selbstironischem Humor ist auch das alte Wienerlied vom »G'sunden Rausch«. »G'sund« ist hier wohl im Sinne eines alten Wiener Sprichwortes gemeint: »Ein Rausch ist besser als Fieber«:

Zum Frühstück a ferm's [festes] Banfleisch als erste Unterlag',
A saftig's Wiener Schnitzel bestell ma auf z'Mittag,
Zur Jaus'n gibt's a Stelz'n, so wird's schon langsam spot,
Dann schaff' ma uns zum Nachtmahl an a Gansl mit Salod.
Und ‚gessen wird und ‚trunken wird a halbe Ladung Wein,
Die Musi' spüt a Weanerlied, wir singen den Refrain,
Beim z'Haus fahr'n wird's erst wirkli' fein, der Ferdl spüt Gita',

Ma 'braucht ja net g'rad b'soffen z'sein, a g'sunder Rausch tuat's a

Schon die alten Harfenisten – die Vorgänger der Wienerliedsänger, die sich selbst auf einem harfenähnlichen Instrument begleiteten – haben auf spöttische Weise die weit verbreiteten Laster geschildert. Vor allem die Trunksucht der Männer und die Zankhaftigkeit der Frauen, die sich zu Schreckschrauben und zur wahren Plage ihrer Ehemänner auswachsen konnten. Damals entstand auch der wienerische Ausdruck für einen zum Schweigen und Dulden verdammten Ehemann. Was ein »Simandl« ist, erfährt man bereits aus einem Lied aus dem Jahre 1780:

Simon, steh auf,
gib d' Hosen her,
weil heut Simani ist.
Tu dich heut nur nicht lang säumen,
Heiz' ein, kehr aus,
Tu zusammenräumen
Und trag' raus den Mist;
Stell's Abwaschschaffl vor das Haus
Und leer den Scherben aus,
reib ihn aber mit dem Besen,
als wär er neu gewesen,
oder leck ihn aus.

In schonungsloser Offenheit handelte acht Jahrzehnte später die Wiener Volkssängerin Antonie Mannsfeld ein Dreiecksverhältnis ab: »Herr Hecht, der Hausfreund« – so auch der Titel des Liedes – erfreut sich beim gehörnten Ehemann der größten Sympathie, da er die Dame des Hauses mit Geschenken überhäuft, sich mit dem jüngsten Spross fast so gut versteht wie ein leiblicher Vater und bei Ehestreitigkeiten auf »einfühlsame« Art vermittelt:

Oh, meine Gabriele ist eine sanfte Seele,
Nur ist sie launenhaft, was mir viel Kummer schafft,

Da tritt mit frohem Mute Herr Hecht vor sie, der Gute,
und nimmt ihr alle Kraft, das ist doch fabelhaft!

Aber auch dort, wo harmonische Ehebeziehungen beschrieben werden, geht es nicht ohne spöttischen Unterton. Was Mann und Frau zusammenschweißen kann, beschreibt ein Wienerlied-Schlager, den Karl Föderl in den dreißiger Jahren komponiert hat:

Herr Schprinzerl sagt zu seinem Freund:
»Mei Frau und i
Mir zwa vertragn' sich wirklich wunderbar
Wir leben wie die Tauberln
Jetzt schon seit zwanzig Jahr
Die Leut' studieren hin und her
Und keiner kann's erklär'n
Doch das Geheimnis uns'res Glücks
Das kann ein jeder hör'n:
Mei Alte sauft so viel wiea i
Daher die große Sympathie …«

Auch dort, wo sich die Sympathie nicht durch den Gleichklang der Interessen ergibt, weiß sich der Wiener zu helfen, indem er sich beispielsweise »für Grinzing einen Dienstmann engagiert«, oder auch einen Hund – quasi als Navigationsgerät auf vier Haxen. Dann bekennt er in einem bekannten Wienerlied-Refrain, der frei ist von tierischem Ernst:

Wenn ich mit meinem Dackel
Von Grinzing heimwärts wackel
Dann sag'n die Leut: »Das g'scheite Vieh!«
Jetzt frag' ich Sie: Wen meinen die?

Über die unerwünschten Wirkungen und Nebenwirkungen des heurigen Weins informieren Sie Arzt, Apotheker und Wienerlied-Autoren wie Hans Hauenstein, der aus der gelebten (und vermutlich auch selbst erlebten) Praxis berichtet:

Es war net aufg'straht und i war ang'straht
Da hat's mi aufg'straht als wie net g'scheit
Is aner agn'straht
Dann g'hört halt mehr g'straht
Sonst is' er herg'straht vor alle Leut'
Ihr tuat's was z'sammdrah'n
Da muaß i aufdrah'n, a wenn's mi ein'drah'n
Für lange Zeit
Is aner ang'straht
Dann g'hört halt mehr g'straht
Sonst is er herg'straht vor alle Leut'

Eine hochdeutsche Nachdichtung dieses humoristischen Meisterwerks muss naturgemäß auf die Wortspielmöglichkeiten des Wienerischen verzichten. Den Sinn beziehungsweise höheren Unsinn des Refrains müsste man – wenn überhaupt – eher kurz und bündig in die Hochsprache übertragen, nämlich so:

Trotz Eis und Schnee war nicht gestreut
Da fiel ich hin – und tat mir leid
Erhob ein zorniges Geschrei
Dann nahm mich mit die Polizei
Und daraus folgt der weise Schluss:
Die Stadt ist schuld an dem Verdruss'
Denn: Würde zeitgerecht sie streuen
Müsste man nachher nichts bereuen

Dass es für einen fröhlichen Zecher, wenn er bereits Schlagseite hat, nicht leicht ist, Haltung zu bewahren, schildert auch der folgende Erfahrungsbericht aus dem Heurigenort Neustift:

Steif wie a Bleistift
Wander' ich durch Neustift …
Ich schreib' in Keilschrift
Das Wörterl »Neustift«
Täglich in mein Tagebuch hinein
Selig klopft mein Herz, wenn das Wort Neustift ich nur hör'

Alle, die mich seh'n, frag'n
»Sag'n 'S, san Sie net der Herr, der
Steif wie a Bleistift
Wandert durch Neustift
G'schmackig muss der Wein, der Neustifter sein …«

Falls diese bleistifthafte Steifheit des Neustift-Fans auf übermäßigen Weinkonsum zurückzuführen ist, kann er sich noch immer mit Edmund Guschelbauers Lied vom »alten Drahrer« trösten. Wie beliebt dieser Guschelbauer war, zeigte sich nicht zuletzt bei seinem vierzigjährigen Berufsjubiläum, das er sinnigerweise im »Dreherpark« bei Schönbrunn feierte. Da musste sogar die Polizei aufgeboten werden, um die enthusiastischen Wiener – 25 000 an Zahl – im Zaum zu halten. Es war wie bei einem Popkonzert. Denn der »alte Drahrer« war des Wieners liebste Leitfigur. Mit dem »Drah'n« war ursprünglich der Werkelmann gemeint, der sich damals sein Geld gleichsam im Handumdrehen verdiente, später aber das Umdrehen der Nacht zum Tag als besonders ausgeprägtes Talent der Wiener. Auch die Stadt Wien hat den Volkssänger und Urwiener Guschelbauer mit ihren höchsten Ehrungen bedacht, obwohl er doch nicht mehr sagen wollte als dies:

Wann i auf d' Nacht ins Wirtshaus komm',
So rennt der Wirt den Kellner um,
Die Gäst schrei'n: »Servus, alter Spatz«,
Macht mir a jeder gleich an' Platz.
Denn mich kennt alt und jung in Wien,
Weil i a alter Drahrer bin,
a so a Aufdrahrer bin.

Guschelbauer, der letzte Wiener Lokalmatador vom »alten Schlag«, stirbt am Vorabend des Ersten Weltkrieges. Der Ruhm des »alten Drahrers« endet mit der Monarchie. Anfang der dreißiger Jahre haben dann Schauspieler wie Paul Hörbiger und Hans Moser dem Volkssänger alter Prägung im Film und auf

Schallplatte ein Denkmal gesetzt. Die Weinlieder, so wie Moser sie gestaltet hat, sind nicht so sehr Stimmungsanheizer als vielmehr Tatsachenberichte und Milieuschilderungen. Hier liegt das schlechte Gewissen eines Weinbeißers mit der pfiffigen Rechtfertigung eines »Hallodris« im Streit, der schon ganz genau weiß, dass ihn die nächstbeste Gelegenheit zum Rückfalltäter machen wird:

Amal in der Woch'n fall' i um,
A wann i nachher mit mir bös bin, mit mir brumm'.

Bei so einem »Umfaller« kann jede Seligkeit zu jeder Zeit ins Gegenteil umschlagen: Die Redseligkeit in Rührseligkeit, die Glücksseligkeit in Trübseligkeit und die Weinseligkeit in Weinerlichkeit.

Wie unberechenbar die Weinlaune ist und wie schnell das Stimmungsbarometer umschlagen kann, wird am eindrucksvollsten in der »Puppenfee« illustriert. Im diesem Kinostreifen aus den frühen Tagen des Tonfilms spielen Paul Hörbiger und Wolf Albach-Retty ein Brüderpaar. Zwei Lebemänner, die einen ebenso turbulenten wie feuchtfröhlichen Sylvesterball in der Wiener Vorstadt besuchen. Zuerst versucht der eine Bruder den anderen über seinen Liebeskummer (seine Angebetete hat ihn eben geohrfeigt) hinwegzutrösten:

Sei nicht traurig, Xandl, wer weiß', wozu's gut is'.

Dann winkt Paul Hörbiger die Musikanten herbei und singt, während Wolf Albach-Retty düster vor sich hinbrütet:

Wenn ich beim dritten Viertel bin,
Da bin couragiert,
Dann is' mein ganzer Weltschmerz hin,
Erst dann bin ich mutiert.
Dann kommt mir mein Humor,
Dann kommt mir alles rosig vor …

Der fröhliche Sänger wird ins Foyer gebeten und erfährt zu seinem Schrecken, dass er das Opfer einer Gaunerei geworden ist und er nun sein ganzes Geld, das er in ein angebliches »Patent« gesteckt hat, in den Rauchfang schreiben kann. Niedergeschmettert kehrt er an den Tisch zurück und findet seinen Bruder völlig verändert, nämlich in bester Laune vor:

I bin gut aufgelegt,
I weiß, warum.
Die ganze Weanerstadt, die draht si' umadum.
Das sind die Weinderln g'wesd.
Die ham mi' narrisch g'macht,
Das sind die Freunderln g'wesd,
Von heute Nacht.

Vergeblich versucht nun der erzürnte Paul, dem angeheiterten Wolf Albach-Retty alias Xandl klarzumachen, dass ein Malheur passiert ist. Doch der schaut ihn nur verzückt an, denn der Wein hat ihm die Erleuchtung gebracht:

Weißt du, weshalb sie mir die Ohrfeige 'geben hat? … Weil sie mich liebt!

Darauf könnte man mit einem Wienerlied-Titel »Die wahre Liebe ist das nicht« antworten, den Alexander Krakauer in zeitlos gültiger Form abgeliefert hat:

Es sitzt bei Mondenscheine
Er und sie alleine
In stockfinst'rer rabenschwarzer Nacht
Sie macht ihm Mut ein bisschen
Er raubt ihr ein Küsschen
Und d'rauf wird das Liebesg'ständnis g'macht
Er tut sein Herz ausschütten
Nimmt sie um die Mitten
Während er von Lieb' und Treue spricht
Und beider Herzen wogen

Hat er ihr's Taschel 'zogen
Jetzt, die wahre Liebe ist das nicht

Bemerkenswerterweise findet das Wort »Liebe« in der Wiener Trivialliteratur nur selten Verwendung. Wie ja der Wiener Dialekt mit »Gschpusi« und »Panscherl« zwar eigene Worte für Gelegenheitsbeziehungen und schlampige Verhältnisse kreiert hat, nicht aber für die ansonsten so viel besungene Liebe. Ihr begegnet der Volksmund teils mit Misstrauen und Vorsicht, teils mit ironischer Distanz. Und sogar dort, wo Liebeserklärungen ausgesprochen werden, wird man das Wort Liebe vergeblich suchen. Wenn zum Beispiel Wolfgang Ambros (nach einem Text von Joesie Prokopetz) die Vorzüge seiner »Blume aus dem Gemeindebau« preist und eingesteht, dass er eifersüchtig auf jeden ist, der seiner Angebeteten auch nur nahe kommt, dann ist sein sehnlichster Wunsch:

Ich mecht von dir nur a moi a Lächeln krieg'n
Du schönste Frau von der Vierer-Stiegn

Um am Ende aber zu enthüllen, worauf er eigentlich hinauswill, nämlich:

Komm, lass dich pflücken
Du Rose aus Stadlau

Das Wort Liebe wird also nach Tunlichkeit vermieden. Äußerstenfalls gesteht der Sänger ein, dass er »valiebt« ist, wobei er als Motiv für seine Verliebtheit recht handfeste Gründe nennt:

Die Haar is lang und blond, waßd' eh
Dass ich wie wüd auf Blonde steh'
Die zarte Brust – und wann du lachst
Du waßt ja gar net, wie valiabt als du mi machst
Du bist da schenste Stern unterm Himmelszelt
Du bist da klasseste Has'in unsr'm Hieb
Du machst mi scharf, du machst mi'zärtlich

Du bist, was mir fehlt
Ich steh ganz unhamlich auf di' – du bist mei Typ
WORRIED MEN SKIFFLE GROUP

Anstatt zu fragen »Liebst du mich?«, könnte man auch die Suggestivfrage »Gö, du magst mi?« stellen, so wie Ludwig Hirsch das mit großem Erfolg getan hat. Und Worte wie »Stern« und »Kern« eignen sich in besonderer Weise für wienerische Lieder-Reime, da sie den Rettungsring werfen, das unglaubwürdig pathetische »Ich liebe dich« durch »I hab' di gern« zu ersetzen. So geschehen in dem poesievollsten Liedtext, den Walter Pissecker für Karl Hodina geschrieben hat:

I liassert Kirschen für di wachsen ohne Kern,
Wann mir der Himmel g'hörat, kriagast alle Stern,
Wann i die Sun derglenga tät, i möcht sie hol'n,
Und wann's für di is, hätt i scho des Frühjahr g'stohl'n.

Die Wiener Wein- und Liedkultur war in ihren Wurzeln ein naturreines Landprodukt. Noch ganz in der ländlichen Tradition steht ein Wienerlied des Johann Fürst, das sich um »das erste Busserl« dreht.

… der Bua bleibt steh'n und fragt die Dirn,
Ob's allani drinnat is',
Sie sagt: »Ja, tua di net genier'n,
Allani bin i g'wiß!«
Und der Bua lauft dem Fenster zua:
»Hol-la-rei-i-di-eh;
Hol-la-rei-i-di-eh …«

Walzer-Kenner vermeinen in den Klängen des Josef Lanner noch etwas vom ursprünglichen Naturhauch zu spüren – das Zwitschern der Dorfschwalben, das Jauchzen der grünberockten Alpenbewohner, das ewige Rauschen der Donauwellen. Alles in allem: eine Musik für Naturfreunde. So wird sie auch in einem alten Wienerlied beschrieben.

S' zieh'n durch die Wiener Luft
Walzer wie Blumenduft,
Schöner wie Rosmarien
Blüh'n Melodien.
Schlupfen ins Herz hinein,
Kuscheln dort warm sich ein,
San wie a Stück vom Glück.
Lannermusik.

Aus vielen Wienerliedern lassen sich ein Hunger nach frischer Landluft und eine Sehnsucht nach dem »Grünen« ableiten. Grün – das ist auch die Farbe der Wiener Polizisten, die sich im Lied von den »Spinaderern« sehr naturverbunden geben und von einer Landpartie erzählen, während der die »Geliebtinnen« ihrer Freunde zu den grünen Uniformen überlaufen, weil die im Liebesfalle praktischer gefärbt sind als die »schneeweißen Waschhosen«:

Bei an Ausflug aufs Land
Gibt's an Grasfleck am Knia
Bei die Weißen, da sieht man's,
Bei die Grean aber nia.

Doch leider ist das Grün kein Immergrün. Wenn der Reiz der Jugendjahre verwelkt ist und man einander nach langer Zeit wieder begegnet, dann kann es vorkommen, dass der eine beim Anblick des anderen etwas unangenehm berührt ist. Möglicherweise auch deshalb, weil ihm dadurch der eigene Verwitterungsprozess erst so richtig bewusst wird. Wenn er höflich und somit auch unaufrichtig ist, wird er sagen: »Du hast dich überhaupt nicht verändert!« Sofern er aber ehrlich und dadurch auch uncharmant ist, dann wird er wie Wolfgang Ambros feststellen:

Mein Gott bist du blad word'n
Oder glaubst, büd i ma des nur ein?
Meine Aug'n san a nimmer di best'n
Und dass i mi amoi irr, des kann scho sein.

I bin a nimmer der jüngste,
Und schau a nimmer so super aus'n G'wand ...
Hawe d'Ehre, weit hob'n ma's brocht,
Fesch san ma beinand.

Der »Wolferl«, wie ihn seine Anhänger liebevoll nennen, ist eben bekannt dafür, dass er sich kein Blatt vor den Mund nimmt. Mit seiner gnadenlosen Ehrlichkeit macht Wolfgang Ambros auch vor sich selbst nicht halt, wenn er sich schon vor Erreichen des Sechzigsten eingesteht:

I bin scho oid wor'n
Des is ned zum Überseh'n
I bin oid wor'n
Oba des Oidwerd'n is schen!
... es geht mir wunderboa
I verlier' hoit a paar Hoa
Oba des woa jo kloa ...
Oide Leit san überall
Die meisten san in Wien
Da bin i manchmal wirklich froh
Dass i ka Wiener bin

Interessant, dass ausgerechnet der letzte Wiener Lokalmatador – ein Volkssänger, wie er wienerischer gar nicht sein könnte – immer wieder betont, dass er sich gar nicht als Wiener fühlt. Immer wenn die Sprache darauf kommt, legt Wolfgang Ambros Wert auf die Feststellung, dass er in Pressbaum geboren wurde und dort einen Großteil seines Lebens verbracht hat. Aber abgesehen davon, dass Pressbaum nicht allzu weit von Wien entfernt ist, war es ja zu allen Zeiten so, dass gerade die größten Wiener Symbolfiguren keine geborenen Wiener waren. Alexander Girardi kam aus Graz, Paul Hörbiger wurde in Budapest geboren, und die Schrammeln – also der Inbegriff der Wiener Volksmusik – sind aus dem Waldviertel zugereist.
Ein vergleichsweise hochliterarisches Pendant zum Dialektsong

»Oid wor'n« von Wolfgang Ambros hat Hans Weigel schon fünfzig Jahre davor kreiert:

Der alte Specht, er klopft schon schlecht
Es geht nicht recht, so wie er möcht'
Es sagt schon bald der ganze Wald:
»Ach ja, ach ja, er wird schon alt
Ja früher, als er jünger war
Da klopfte er ganz wunderbar«
Bald ist vorbei, vorbei die ganze Klopferei …

Es gehört zum Wesen unserer wortreichen Spezies, dass sie hin- und herpendelt zwischen Wermut und Schwermut und dass ihr gerade am Höhepunkt der Weinseligkeit plötzlich klar wird, wie kurz das Leben doch ist und wie wenig Zeit einem auf Erden bleibt. Des Wieners Lebensfreude ist nämlich nicht von der ungetrübten Sorte, denn sie steht in einer innigen Beziehung zum Bewusstsein von Leid, Vergänglichkeit und Tod.
Und daraus erklärt sich auch das von Außenstehenden oft fassungslos bestaunte Phänomen, dass das »Wiener Blut« mitten in der ausgelassensten Heurigenstimmung seine letztwillige Verfügung trifft:

Geht's und verkauft's mei G'wand,
I fahr in' Himmel.
Wann d' Geigen fid'ln wienerische Lied'ln,
Geht's und verkauft's mei G'wand,
I fahr in' Himmel.
Kommt's auch herauf, aber weckt's mi net auf.

Fast wie das Amen im Gebet, so blicken sie am Schluss immer wieder ins Jenseits, die alten Lieder, die den Wein nicht zuletzt deshalb so verherrlichen, weil er uns eine Ahnung von Unsterblichkeit gewährt.

So tragt's mi nach Grinzing am Friedhof hinaus,
Da schlaf' i den ewigen Rausch mir dann aus,

Heut hab' i' scho mei' Fahn'l
Heut is ma alles ans.

Ein ebenso schönes wie eindrucksvolles Bild: das Grab als Ausnüchterungszelle des Lebens.
Wenn aber dem »schönsten Mann von Wien« die Stunde schlägt, dann weinen ihm die schönen Wienerinnen mehr als eine Träne nach. So singt die »Worried Men Skiffle Group«:

Und wenn i werd'amoi sterb'n
Wird's ein großes Übel werd'n
Alle Madeln, alle Frau'n
Werd'n a Jahr lang verheult ausschau'n.
Werd'n sag'n: »Da liegt er drin
Er war der schönste Mann von Wien!«

In die gleiche Kerbe schlägt schon die dritte Strophe eines Wienerlieds aus dem 19. Jahrhundert, das André Heller am Beginn seiner Karriere zu neuen Ehren gebracht hat:

D' Madeln von Wien, Wien, Wien,
Wer'n in der Trauer gehen
Und um die Bahr dastehn.
Er is dahin – hin – hin,
Der Geist war, meiner Seel,
Allweil fidel!

Nur im Wiener Unterhaltungsfach liegen leichtfertige Scherze und der Abgang von der Bühne des Lebens so nah beieinander. Wo man anderswo vor dem Gedanken an die Ewigkeit erschaudert, kokettiert man in Wien mit dem Tod, als wäre er ein interessanter Fremder, den man gern näher kennenlernen möchte. Allerdings: ohne sich gleich von ihm abschleppen zu lassen. Damit im Zusammenhang steht die Wehmut gegenüber allem, was möglicherweise »das letzte Mal« gewesen sein könnte. Gut eineinhalb Jahrzehnte lang wurde man in einem Wienerlied-Café in der Schulgasse auch zu fortgeschrittener Stunde zur

Ruhe gemahnt, weil: »Gleich singt der Schmid Hansl – und es könn't zum letzten Mal sein«. Gott sei Dank sollte sich herausstellen, dass dieser Wiener Ikone ein weitaus längeres Leben beschieden war, als ihm von seinen besorgten Freunden zugetraut wurde.

Es kann kein Zufall sein, dass in so vielen Liedern der, die oder das Letzte die Hauptrolle spielt. So widmete kein Geringerer als Gerhard Bronner dem »Letzten Kaffeehaus« bewegte Abschiedsworte. Anlass dafür war offensichtlich, dass sein Stammcafé einer Bankfiliale weichen musste:

Wenn im letzten Kaffeehaus die letzte Melange
Der letzte Herr Ober serviert,
Wenn der letzte Gast, der noch ins Kaffeehaus passt,
Eines Tages erklärt, er bleibt lieber zuhaus,
Ja, dann red' ma uns ein, dass die Wirtschaft floriert,
Doch es stirbt die Gemütlichkeit aus.

Aber nicht genug damit, hat man auch den »letzten Wiener Schrammeln« und dem »letzten Werkelmann« einen wehmütigen Nachruf gewidmet:

Pfiat Gott, du alter Werkelmann,
Deine Zeit is vorbei.
Geh spiel uns gschwind zum Abschied
No a Walzermelodei.

In Texten wie diesen wird nur selten die Begründung für die tragische Letztmaligkeit geliefert. Aber vielleicht ist das auch gar nicht so wichtig. Hauptsache, der Abschied rührt ans Herz. Ein leicht ironischer Text wagt sich sogar an das Unvorstellbare heran. Nicht auszudenken, wie das wäre – eine Welt, in der zuerst der Wein stirbt, dann die »Musi« und zuletzt auch der Wiener Heurige:

Wenn drauß'd in Sievering
Vom letzten Rebenstock das letzte Weinberl fallt

Dann sagt der letzte Gast zum letzten Heurigenwirt:
»I glaub jetzt wird'n ma alt
Ja so, vor ein, zweihundert Jahr'n, wie wir noch jünger war'n
Da samma mit den feschen Madln auf die Gummirad'ln
Wie die Narr'n nach Nussdorf g'fahrn
Wenn dann in Salmannsdorf
Der letzte Polizist den letzten Sünder fasst
Und wenn zum letzten Mal der letzte B'soffene ins letzte Röhr'l blast
Ja dann verkauf ma unser G'wand und packen die sieben Zwetschken ein
Und fahr' ma ohne Pflanz und ohne harbe Tanz' direkt in'Himmel 'rein«
HEINZ HORAK

Durch die Lieder der alten Volkssänger fließen Wein- und Seelenströme, hört man das Rauschen des Blutes und fühlt das Eintauchen in einen Zustand wunschlosen Glücks. Keiner hat das so überzeugend dargestellt wie Carl Lorens:

Ja, da fahr ma halt nach Nussdorf 'naus,
Da gibt's a Hetz, a Gstanz,
Do hör' ma harbe Tanz.
Da laß' ma unsre Dudler [Jodler] aus,
Und fahr' ma dann in d'r Fruah
Mit'n Schwammer [Schwips] z'Haus.

Carl Lorens bescherte uns auch die Heurigenweisheit »Menschen, Menschen san ma alle« und den bekannten Aufruf zum Nachschenken »Trink ma no a Flascherl«. Man möchte es nicht glauben, dass auch der Schöpfer so frohsinniger Lieder plötzlich ins Elegische, um nicht zu sagen ins Nostalgische, umschlagen konnte. Aus dem Mayerling-Jahr 1889 stammen seine wehmütigen Zeilen:

O du alter Stephansturm, o du blauer Donaustrand,
Ist das denn nicht mehr das Wien,
Dort wo unsre Wiege stand?
Von einer G'mütlichkeit ka Spur,
Wo man hinschaut, sieht man nur
And're G'sichter, and're Leut.
Pfüat di Gott, du alte Zeit.

Die raunzige Sehnsucht nach der »guten alten Zeit« lässt völlig außer Acht, dass die viel gerühmte »G'mütlichkeit« nie ganz ungetrübt war. Die Welt hat immer schon gehüstelt – selbst in den verklärten Abschnitten des vorvorigen Jahrhunderts, das wir so gerne »das österreichische« nennen. Ganz abgesehen von den großen Erschütterungen wie Revolution, Reaktion und Königgrätz war auch die sogenannte »Makart-Zeit« – benannt nach einem berühmten Wiener Maler –, die in einem Dreißiger-Jahre-Schlager so erinnerungsselig verherrlicht wird, in Wahrheit keine »gute alte« mehr. Zwar hatte der rasche finanzielle Aufschwung nach dem Börsenkrach 1873 den Volkssängern eine »goldene Zeit« gebracht – aber die bildhaft-gemütliche des Biedermeiers war das schon lang nicht mehr.

Wien war inzwischen auf Kosten seiner ländlichen Umgebung zu einer Weltstadt gewachsen – nach London und Paris die drittgrößte Europas. Die Industrialisierung hatte tiefgreifende soziale Umschichtungen bewirkt; im Schatten des Glanzes, Reichtums und scheinbar ungetrübten Friedens harrte die soziale Frage vergebens einer Lösung. Und da war es fast schon eine Flucht, wenn der Bürger nun an den traditionellen Stätten der volkstümlichen Unterhaltung »das kleine Glück«, den Seelenfrieden seiner Ahnen und das mehr und mehr schwindende Kapital an Frohsinn und Humor suchte.

Gerade die Oberschicht zog es zu den Wiener Plätzen, wo man noch meinte, die Urstimme aus einer »besseren« Vergangenheit zu vernehmen. Und dort sang man Hymnen auf einen »echten Wiener Hamur«, an den schon lang keiner mehr glaubte:

Bilderbuch aus Biedermeiertagen
Ach, wie hübsch erzählt es mir Dinge
Stunden, die man fühlt mit dir
Das sind kleine süße Märchen
Voll von Glück und Heiterkeit
Aus der guten alten Zeit

Die Sehnsucht nach der »guten alten Zeit« war unverständlicherweise auch in den Aufschwungsjahren der fünfziger Jahre an der Tagesordnung, was Hans Weigel zu dem von Robert Stolz vertonten Lied »Die Neue Zeit« inspirierte:

Denn wenn ich denk' wie's war: Erst in die Zwanz'gerjahr,
Dann in die Dreiß'gerjahr, dann in die Vierz'gerjahr,
Dann geb' ich meinem Herzen einen Stößer.
Und sag's wie's is' – es g'fallt mir heut bedeutend besser,
Geht's Leuteln, schimpft's net auf die neue Zeit,
Schaut's euch doch um »is' gar so grauslich heut'?«
Wenn ich zurückdenk', merk ich: Früher war's viel schlimmer,
Die Leut' sein heut' net g'scheit, doch damals war'n sie dümmer.
Was einmal war, das kommt ja doch nie wieder,
Und das, was is', is' auch net grad' zuwider.
Drum seid's net grantig, lobt's die Welt von heut'
Net erst im Nachhinein als gute alte Zeit.

Und so, als wollte auch er einen musikalischen Beweis dafür liefern, dass die neue Zeit »net g'rad z'wider ist«, schrieb Hermann Leopoldi gemeinsam mit Charles Berndt ein Lied, das bald ganz Wien begeistert mitsingen sollte:

Ich bin ein Durchschnittswiener,
I bin net arm net reich,
Hab nix bevor Ihna,
Wir beide zwei san gleich.
Sie hab'n a Waschmaschin z'haus,

I hab a Auto halt,
So steht es eins zu eins,
Denn gar nix is bezahlt.

Ich bin ein Durchschnittswiener, dabei ein feiner Mann,
Weil ich im Durchschnitt dann
Viel besser leben kann!

Das klingt im wahrsten Sinne »nüchterner« als die Unzahl von Liedern, in denen sich die Wiener Seele so ausschließlich über die Wein- und Musikseligkeit definiert, wie beispielsweise in dem Refrain, der wie eine vorweggenommene Entschuldigung wirkt, also gleichsam: Es tut mir furchtbar leid, aber –

I bin halt a Weana, i kann nix dafür
I brauch nur um selig zu sein
Zwa Fiedeln, a Klampfen, a Maurerklavier
A Glaserl vom heurigen Wein
Da werd i wirrwarisch, ganz wurlert und narrisch
Auf so was, da bin i a Kren
Zehn Schilling für d' Schrammeln
Und morg'n fress' ma Grammeln
Das kann nur a Weana versteh'n

Dass das »Maurerklavier« eine Ziehharmonika ist, »wurlert« so viel heißt wie aufgewühlt, »a Kren auf etwas sein« bedeutet, dass man für eine bestimmte Sache eine ganz besondere Vorliebe hat und schließlich »Grammeln« kleine braune Speckwürfel sind, die man auf Hochdeutsch »Grieben« nennt – alles das kann wirklich »nur a Weana versteh'n ...«.

Die Vertreibung aus dem Paradies

Von Heurigen, Wirtshäusern und Beisl'n

Du liebes altes Haus
Schaust mich so traurig an
Und sagst: »Geh komm zu mir
Schaff dir a Glaserl an!«
ALTES WIENERLIED

Wien und der Wein gehören zusammen. Und das nicht nur weil die Umstellung von zwei Buchstaben des einen Wortes das andere ergibt – was sogar einen deutschen Liederschreiber wie Werner Richard Heymann zu einer Hymne auf Wien inspiriert hat:

Das muss ein Stück vom Himmel sein
Wien und der Wein
Wien und der Wein

Der Weinanbau in Wien ist so alt wie die Stadt selbst. Auch heute noch besteht trotz zunehmender Verbauung und Zersiedelung eine gar nicht so kleine Fläche der Stadt aus Weinbergen, in denen es einmal kleine Buschenschanken gab, deren Öffnungszeiten vom Weinhauer angezeigt wurden, indem er einen Föhren- oder Reisigbuschen an einer Stange oberhalb des Einganges anbrachte. Dann war »ausg'steckt«, und der müde Wanderer wusste, wo er einkehren konnte und wo nicht. Dort hatte er nur die Wahl zwischen einem »alten«, also vorjährigen, und einem »heurigen«, das heißt diesjährigen, Wein. Folgerichtig nannte man so einen wirtschaftlichen Kleinstbetrieb praktischerweise »Heurigen«.
Die dritte und vorsichtigste Möglichkeit, sich des Weins zu er-

freuen, bestand darin, dass man ihn mit Wasser mischte, um so den »ersten Durscht« relativ gefahrlos löschen zu können. Diese Mischung gibt es auch heute noch und heißt in Wien »G'spritzter«. Die Deutschen nennen es »Schorle«, aber wer dieses Wort bei einem Wiener Heurigen laut ausspricht, der muss mit lebenslänglichem Lokalverbot rechnen. Ein nicht ganz unbekannter deutscher Dichter beschrieb den »G'spritzen« folgendermaßen:

Wasser alleine macht stumm,
Das beweisen im Wasser die Fische.
Wein alleine macht dumm,
Das beweisen die Herren am Tische.
Weil ich keines von beidem will sein,
Mische ich Wasser mit Wein.
JOHANN WOLFGANG VON GOETHE

Laut Klischee gehört zwar die Heurigengemütlichkeit für einen Wiener zu den ernstesten lokalpatriotischen Verpflichtungen, aber die literarischen Quellen schildern auch die Kehrseite der Medaille, die die Welt das eine Mal rosig, dann aber wieder blutrot sehen will. So berichtet ein altes Harfenistenlied aus dem Jahr 1811 von einer weingetränkten Idylle, die sich nur allzu leicht zu einer wilden Rauferei auswachsen kann:

Im Anfang beim Heurigen is' all's mausstill
Weil keiner nach einer Halben noch anfangen will
Der zweite wird kritisch, der dritte will siegen
Bei der vierten gibt's Schläg', dass die Haar herumfliegen.

Josef Weinheber schildert eine ähnliche Szene, die in einer Buschenschank zunächst ganz harmlos beginnt:

Hab' die Ehre, g'schamster Diener.
D'Frau Gemahlin? Sehr erfreut!
Segn 'S, des is' die echte Wiener –
nur net stößen! – Gmiadlichkeit.

Diese »Nur-net-stößen-G'miadlichkeit« wächst sich in Weinhebers Gedicht dann auch zu einer handgreiflichen Auseinandersetzung aus. Vermutlich hat in früheren Zeiten zu einer »Mordsgaudi« noch eine »Pfundsrauferei« gehört.

Das historisch erste Opfer der durch den Wein verursachten Rabiatheit war Marcus Aurelius Probus, der posthum viel gerühmte Begründer der Wiener Weinkultur. Im Jahr 276 nach Christus hatten die Legionäre ihren sieggewohnten Feldherrn als neuen römischen Kaiser auf den Schild gehoben. Und der bedankte sich dafür, indem er das Verbot der Weinproduktion für die römischen Provinzen aufhob und sich gleichzeitig auch tatkräftig für den Weinanbau im Donauraum einsetzte. Der Visionär wollte, dass seine stets durstigen Kriegsdiener den von ihnen konsumierten Wein auch selbst produzierten. Und damit dürfte er sein eigenes Todesurteil unterschrieben haben, wie Bartel F. Sinhuber im »Großen Buch vom Wiener Heurigen« ausführt:

> *Die Soldaten, die lieber kämpfen wollten als sich in den Weinbergen plagen, erschlugen ihren Kaiser nach sechs Jahren.*

Da wird also einer zu seinem Fünfzigsten im Weingarten ermordet und zum Dank für seinen Märtyrertod eine Gasse in Grinzing nach ihm benannt. Wäre das ein zeitgenössisches Ereignis – nicht auszudenken, wie das die Medien auszuschlachten wüssten …
Als im Jahre 1456 die Weinernte so miserabel ausgefallen war, dass die Wiener das Gesöff auf die Straßen schütteten, befahl Kaiser Friedrich III., dass diese Gottesgabe beim Mörtelrühren für den Bau des Turms von Sankt Stephan verwendet werden solle. Es ist schon bezeichnend für diese Stadt, dass ihr ehrwürdigstes Wahrzeichen – der Stephansdom – zumindest teilweise mit Wein erbaut wurde. So gesehen könnte man in Abwandlung der lateinischen Weisheit »in vino veritas« auch »in veritate

vinum« sagen, will heißen: In Wahrheit war es der Wein, der Wien geprägt hat.
In den Anfangszeiten des Heurigen, also im 12. Jahrhundert, wurden neben dem Wein oft nur Brot und Nüsse angeboten. Und noch in den sechziger Jahren war es selbstverständlich, sich sein Essen zum Heurigen mitzubringen, weil es in diesen kleinen Lokalen nur eine höchst bescheidene Auswahl an Speisen (meist nur Liptauer- oder Schmalzbrote) gab.
Wackelige Holzbänke standen im Garten, es roch nach frisch geschnittenem Gras und abends saß man bei Windlichtern oder bei Kerzenschein und »lauschte« dem Wein – eine hohe Kunst, die inzwischen abhanden gekommen ist.

Der geneigte Leser merkt, dass ich in der Vergangenheitsform schreibe und der eingeweihte Leser weiß auch, warum: Diese Urform des Heurigen gibt es leider – fast – nicht mehr. Höchstens eine Handvoll dieser verwunschenen Plätze existiert heute noch. Und nur der wirkliche Kenner weiß, wo er sie finden kann.

> *I hab neulich im Wienerwald ein' Wein entdeckt.*
> *Das is a Tröpferl, zu dem muaßt' Sie sagen.*
> ALTES WIENERLIED

Der Mensch hat nun einmal das Bedürfnis nach einem Refugium, wo er sich von der Welt zurückziehen kann. Und dafür gibt es keinen besseren Ort als den Heurigen. Dafür wurde er ja erfunden. Einstmals war das tatsächlich der Platz, wo man seinen Träumen freien Lauf lassen konnte. Kinderlachen lag in der Luft und große Lieben wurden begonnen oder auch beendet.

Versteckt in den Weinbergen westlich und südlich Wiens, abseits der touristischen Trampelpfade in den sogenannten Heurigenbezirken, schlummern sie noch – der Schnelligkeit der Zeiten trotzend – müde vor sich hin. Die unaufgeregten Mahnmäler einstiger Beschaulichkeit, letzte Refugien für frisch Verliebte, Pensionisten oder Menschen, die die Stürme des Lebens schon hinter sich haben.

Man muss nach dem Weg fragen, um dorthin zu gelangen. Und die letzten zweihundert Meter muss man meistens zu Fuß gehen, weil für Autos an diesen Zauberorten kein Platz ist. Alte Obstbäume werfen lange Schatten und die Zeit steht still. Man hört einander zu und lässt sich vom Wein an der Hand nehmen. Grillen zirpen. Und nur ganz leise und von fern her ist das wummernde Leben der Großstadt zu vernehmen.

> *Wien hat den schönsten Stadtrand der Welt, weil er von Weinbauern kultiviert wurde …, die in den Vorstädten mehr Wein kellerten, als sie selbst trinken konnten. Um andere mit den Früchten ihrer Arbeit zu beglücken, fanden sie eine angemessene Form dafür: ein paar Tische, ein Krug, ein paar Heller im Tausch für einen gelungenen Nachmittag …*
> CHRISTIAN SEILER IN »A LA CARTE«

Das klingt wie Musik aus den Urzeiten der Wiener Weinkultur, als das »Ländlich-Sittliche« noch unmittelbar vor den Toren der Stadt begann und eine Fahrt zum Heurigen zumeist mit einer »Landpartie« verbunden war. Die Besonderheit, die Wien bis heute welteinmalig macht, beschreibt Christian Seiler euphorisch:

> *Der Wein gestaltet diesen Übergang von der Stadt ins freie Land mit besonderem Sinn fürs Ästhetische. Wein strukturiert Landschaft präziser als jede andere Kultur. Die Geometrie der Zeilen, an denen Wein wächst, veredelt Hänge und Ebenen. Die Farben der Weinblätter tun das ihre, um das Bild der Landschaft abwechslungsreich zu gestalten. Wir Städter sind ungeduldig. Wir brauchen Unterhaltung: zartgrüner Frühling, flammenroter Herbst. Bloß keine Langweile.*

Auch wenn »wir Städter« keine Langweile wollen, so brauchen wir doch von Zeit zu Zeit eine Gelegenheit zum Durchatmen. Abseits der lärmenden Welt, am besten dort, wo man die Zeit stillstehen lassen und mit der Seele baumeln kann. Und da bietet sich der Heurige als ein geradezu ideales Refugium an. Als ein Ort, wo man fern vom nervenden Großstadtgetriebe Gelegenheit hat, seinen Gedanken nachzuhängen. So wie das Georg Kreisler – wenn auch ironisch – beschreibt:

In Wien, wo die Stadt am verschwiegensten ist
Dort sitzt der Herr Meier beim Wein
Und grad, wenn der Wein am gediegensten ist,
Kommt er langsam ins Reden hinein …

Oder ins Sinnieren. So wie Josef Weinheber, der teils verträumt, teils elegisch ein verlorenes Stück Natur beklagte:

Was noch lebt, ist der Traum
Ach, wie war es schön
Jüngste werden kaum
Jene Zeit versteh'n …
Wo die Häuser blank
Hatten Weingerank
Von den Hügeln schlicht
Kam der Hauer Sang
Da die Stadt noch nicht
Grau ins Grüne drang

Aus diesen Zeilen lässt sich unschwer herauslesen, was die Heurigenkultur für den wahren Kenner bedeutet. Nämlich nicht bloß »Duliöh»-Stimmung und rasche Berauschung, sondern eine Art weihevoller Erlösung vom Ich und vom Alltag in innigster Nähe zur Natur. Nur so ist das Ritual zu erklären, das mit den feierlichen Zeilen eines Wienerlieds beginnt:

Ich rieach den Wein schon kilometerweit
Mei Naserl hat a Freud' am Glaserl Wein

Klingt etwas übertrieben. Aber hier spielt wohl auch die Phantasie ein wenig mit. Leichter nachzuvollziehen ist da schon der nächste Schritt: Beim Verkosten wird ein kleiner Schluck vom flüssigen Sonnengold auf eine Rundreise durch die Mundhöhle geschickt, und zwar so, dass im Zuge derselben nach und nach jedes einzelne Nervenende etwas davon abbekommt.

Weil den Wein, den muaß ma
Wia's die Weana heißen –
Net nur trinken, den muaß ma …
– dramatische Pause –
… »beißen«
I trink den roten g'rad so gern als wia den Weißen

Kein Wunder, dass die größte Sorge des passionierten Weinbeißers für das »Leben danach« der Frage gilt, ob auch im Jenseits eine Buschenschank für ihn offen hält:

Wann i amoi in' Himmel kumm,
Dann schau i z'erscht glei umadum
Ob wo a Busch'n hängt, a Greaner
Weil das is' Landeswappen von uns Weana.
HEURIGENLIED AUS WIEN

Was soll aus dem Heurigen-Paradies im Himmel werden, wenn es sich uns schon auf Erden Schritt für Schritt entzieht? Und das nicht erst seit heute. So mahnt schon eine Schrift aus dem Wiener Revolutionsjahr 1848:

Viele große Wirtschaften zerfielen. Die urwüchsige Gesundheit litt. Viele alte Stämme starben in männlicher Linie aus. Die Witwen und Töchter heirateten nicht bodenständig, sodass in den letzten Jahrzehnten so viele alte Namen verschwanden.

Fünfzig Jahre später, also an der Wende zum 20. Jahrhundert, erscheint ein Zeitungsartikel, der die Zukunftsaussichten der Wiener Weinkultur alles andere als rosig beurteilt:

Wohl gibt es noch hier und dort das alte Heurigentum, wo der selbstgefechste Wein ausgeschenkt und die alte Ordnung noch eingehalten wird, derzufolge die Weinhauer nur in bestimmter Reihenfolge zum Ausschenken kommen. Aber die eingesessenen Wiener Bürger sollten sich nicht darüber täuschen, dass das Heurigenwesen in Wien unaufhaltsam dem endgültigen Verfall entgegengeht.

Daraufhin sollten noch weitere siebzig Jahre vergehen, ehe der Heurige »dem Verfall entgegenging« – und auch dann noch nicht »endgültig«.
Mit dem Ende der sechziger Jahre, als die Wiederaufbau-Generation wirtschaftlich aus dem Gröbsten heraußen war und langsam anfangen konnte, ihren mühsam erworbenen Wohlstand zu genießen, setzte – zeitgleich mit der Hippie-Revolution – auch eine andere, weiß Gott unseligere Revolution ein, nämlich die der Heurigen. Im Fahrwasser des damals blindwütigen Glaubens an ein ewig steigendes Wirtschaftswachstum wurden viele der alten, urigen Heurigen industrialisiert und mutierten in der Folge zu sogenannten Heurigenrestaurants. Man baute aus, man baute um. Und oftmals baute man dadurch auch ab. Schon in den achtziger Jahren sang der unvergessliche Josef Wagner selig, seines Zeichens begnadeter Knöpferlharmonika-Spieler:

6 Tisch' und 12 Bänk' kann i allwäu dersingen
net weiter jedoch tuat mei Knöpferl-Tant' klingen
mei Knöpferl-Tant', mei Knöpferl-Tant',
Die laßt net mit sich handeln
Und wenn s' die andern a hörn wolln
Muaß i 6 Tisch' weiter wandeln.

Ganz im Sinne der Zeit wurde erst einmal vergrößert, sowohl räumlich als auch hinsichtlich des Buffetangebotes. Ehemalige Garagen, Waschküchen und Abstellkammern wurden frisch gestrichen und auf rustikal getrimmt. Man nagelte Weinbutten, Holzräder, altes Geschirr und allerlei ländliches Gerümpel an die Wände, und schon hatte man ein gemütliches »Stüberl«, sprich Platz für zusätzliche Tische und dementsprechend auch mehr Sitzplätze. Gerne hängte man auch Ketten aus Maiskolben auf, meist über der ebenfalls vergrößerten Schank. (Was genau Maiskolben mit Weinbau zu tun haben, wird wohl ewig ein Rätsel bleiben.) Die Hauptsache war, dass es halt irgendwie ländlich aussah. Und als dann auch noch ein genereller Dirndl-Erlass über die wehrlosen Kellnerinnen verhängt wurde, wähnte man sich eher in einer Tiroler Almhütte als bei einem Wiener Heurigen.

Das kalte Buffet wurde durch zahlreiche warme Speisen erweitert. Was zu dem legendären Satz eines Wieners führte, der sich angesichts einer Tafel »Warme Speisen an der Schank« fragte: »Und wo speisen die andern?«

Nicht nur, dass sich das heimische Rot- und Weißwein-Angebot vervielfältigte, standen plötzlich auch italienische und französische Weinsorten in manchen Getränkekarten. In den neunziger Jahren begann man, auch Bier, Sekt und Schnaps in diesen sogenannten »Heurigenrestaurants« auszuschenken. Das Aussterben des originalen »Wiener Heurigen« war damit endgültig eingeläutet. Eine lokale, allerdings nur von den »echten« Wienern wahrgenommene Tragödie nahm ihren Lauf.

> *Wenn jemand an einfachen Heurigen aufmachen will, der auf Kitsch verzichtet und net aufg'motzt is, dann aber »Blunzen-Wok« und »Schmalzbrot-Brunch« auf seine Speiskarten schreibt, dann weiß er nicht mehr, wo Gott wohnt.*
>
> ROLAND NEUWIRTH

Bei diesem gastronomischen Wettgerangel konnten und wollten viele kleine Winzer nicht mithalten. Nicht wenige warfen angesichts der übermächtigen Konkurrenz das Handtuch oder retteten durch den Verkauf des letzten Weinberges ihre Altersvorsorge. Rührend hilflose Protestaktionen kleiner Weinbauern gegen dubiose Flächenumwidmungspläne zugunsten mächtiger

Bauherren verhallten ebenso sang- und klanglos, wie die verzweifelten Hilferufe in Richtung Wiener Rathaus.

Auf diese Art hat sich vor allem Grinzing, der traditionsreichste Heurigenort Wiens, im Lauf der letzten Jahrzehnte bis zur Unkenntlichkeit verändert.

> *Vor zehn bis fünfzehn Jahren gab es noch 130 Hauer in Grinzing, die nach Weihnachten ihren Buschen vors Haus hängten und ihren selbstgekelterten Wein ausschenkten. Jetzt gibt es nur noch dreiunddreißig …*

So schrieb Hilde Spiel im Jahr 1971. Inzwischen sind vierzig Jahre vergangen und jetzt sind es nur noch acht.
In Sievering geht der Verfallsprozess so weit, dass dort fast gar nichts mehr an eine große Weinvergangenheit erinnert, obwohl diese bis ins 13. Jahrhundert zurückreicht:

> *Nur wenige Heurigen und Buschenschanken haben überlebt und sogar die Weingärten entziehen sich dem Blick … Verwaldung und Parzellierung nagen an den Sieveringer Weingärten und werden über kurz oder lang die Oberhand gewinnen. … Der Hackenberg ist durch Zersiedelung und Kleingärten nahezu verschwunden …*
> *Was bleibt ist die Hoffnung, dass zumindest die Rebflächen südlich des Sieveringer Friedhofs bestehen bleiben …*
> »A LA CARTE – WIENER WEIN «

Keine Rede also von »a bissl Grinzing, a bissl Sievering«, so wie es Hans Moser besungen hat.

Was darüber hinaus noch hoffen lässt: Eine neue Generation von Neo- und Kleinwinzern hat die großartige Lage rund um Wien wieder entdeckt und versuchen nun, zu den Wurzeln der Heurigen-Tradition zurückzukehren und dabei gleichzeitig auch den gesteigerten Qualitätsansprüchen der Weinliebhaber Rechnung zu tragen. Der Grinzinger Quereinsteiger Hans

Schmid, einstmals führender Werber, heute Wiens größter Winzer, hat es auf den Punkt gebracht, wenn er sagt:

> *Da gibt es zwei Gruppen. Die eine Gruppe sagt, der Heurige muss der Heurige bleiben und du darfst nichts verändern. Die anderen haben sich umgestellt. Diesen neuen Heurigen geht es auch gut. Die haben aber auch schon ein ganz anderes Angebot. Bei den spartanischen Heurigen merkst du schon beim Buffet, dass die Frequenz nicht da ist. Denn was man da sieht, liegt offenbar schon drei Tage in der Vitrine, mit trockenen Rändern. Da darf man sich nicht wundern, wenn die Leute wegbleiben.*

Damit ist ein wichtiger Grund für das sukzessive Verschwinden der Heurigen alten Stils angesprochen: Neben der Konkurrenzsituation und den Problemen mit der Übernahme der Familienbetriebe liegt es sicher auch an der generellen Veränderung des Konsumverhaltens. Die reinen Weinbeißer, die sich im Feuerstrom der Reben mit irgendeiner festen »Unterlag« begnügen, sind heute keine wirtschaftlich relevante Zielgruppe mehr. Das Speiseangebot ist für den einheimischen Heurigengast mindestens ebenso wichtig wie die Qualität des Weins. Wenn nicht sogar wichtiger. Und so war es nur eine logische Entwicklung, dass das, was einmal Buschenschank war, mehr und mehr zu einem Wirtshausersatz geworden ist.
Was der Heurige und das Wirtshaus schon immer gemeinsam hatten, war ihre soziale Funktion: Das rituelle Gemeinschaftserlebnis des Durst-Löschens und Hunger-Stillens. Dieses hat noch bis vor kurzem keine gesellschaftlichen Grenzen gekannt. So erinnert sich der notorische Wein-Genießer Heinz Holecek an eine Zeit, als …

> *… der Heurige noch eine Plattform war, wo wildfremde Menschen zusammengekommen sind und sich verbrüdert haben. Dort war ein Graf, da ein Beamter, ein Arbeiter, ein Künstler, und alle haben miteinander geredet, obwohl ihr Wienerisch ein jeweils ganz verschiedenes war. Denn wenn*

der Wein die Zunge löst, dann legen die Menschen los. Leider ist davon schon vieles verloren gegangen.

Ähnliches weiß der Wiener Dichter und Philosoph Franz Schuh von den Wiener Beisln zu berichten:

Dort sitzen sie alle. Der Rechtsanwalt mit der Riesen-Marie und der Schlosser, der g'rad zufällig vorbeikommt oder im Haus wohnt. In früherer Fassung haben die auch Kontakt miteinander gehabt. Aber was eine Gesellschaft, die immer reicher wurde, auszeichnet, ist, dass die Reichen von den anderen abgegrenzt existieren wollen. Dieses Abgrenzungsbedürfnis ist wohl auch ein Grund, warum Beisln nicht mehr der zentrale Fokus des gastronomisch bedürftigen Menschen sind.

Dagegen weiß Schuh aus jahrzehntelanger eigener Erfahrung, dass es das Gefühl der Dazugehörigkeit ist, das den Wirtshaus- oder Beisl-Stammgast ausmacht. Aber der muss sich nicht unbedingt an den Stammtischgesprächen beteiligen. Er kann sich auch auf die Rolle des Zuhörers beschränken:

Jeder, der einem Stammtisch beobachtet, glaubt, gleich die Oberhoheit zu haben, weil er beobachtet und nicht durchs Mitreden selbst relativiert wird.

Bodenständig gemütlich und gut bürgerlich behauptet sich das Beisl, diese typisch wienerische Erscheinungsform eines Esslokals, in dem man auch stehend trinken kann und nichts essen muss. Dabei hat es eine Zeitlang ganz so ausgesehen, als wäre diese Wiener Spezialität bedroht. Viele der beliebten Lokale sind in den letzten zwanzig Jahren verschwunden. Aber die, die übrig geblieben sind, werden fast kultisch verehrt und sorgen für eine Revitalisierung dieser, vor allem auch für die nachbarschaftliche Kommunikation so wichtige wienerische Institution. Junge, jetzt bereits etablierte Beisln wuchsen Gott sei Dank wieder nach, von ambitionierten Köchen übernommen, die sich auf die Suche nach einer verfeinerten, modernisierten Wiener Küche machten, ihren Wurzeln aber trotzdem treu bleiben wollten. Was der Gastro-Experte Christian Seiler durchaus zu schätzen weiß:

> *Man kriegt etwas für sein Geld. Und zwar für sehr wenig Geld: Die einfachen und dann gar nicht so einfachen Standards unserer serbisch-mediterranen-böhmisch-ungarischen Wiener Küche können bestehen. Man betet den Koch nicht gleich an. Aber man wünscht ihn ganz sicher nicht zum Teufel. Man hat Zeit, an etwas anderes zu denken, als an die Qualität der Speisekarte. Dafür: Selbstverständlichkeit. Oft auch: Atmosphäre.*
>
> A LA CARTE – WIENER BEISLN

Zu dieser Atmosphäre gehören klassischerweise eine geräumige Schank, wo Wein gekühlt und Bier gezapft wird, eine dunkel gestrichene Holzvertäfelung, einfache Tische und Sessel, bisweilen auch Hirschgeweihe, ausgestopfte Hechte, Ansichtskarten von Stammgästen aus Rimini und der Dominikanischen Republik, gastronomische Urkunden des Besitzers an den Wänden und – ganz wichtig: ein gut gemischtes Publikum!
In der Küche herrscht Tradition – Frittaten- und Grießnockerlsuppe, diverse Schnitzel- und Innereien-Variationen, Schinkenfleckerl, Reisfleisch, Gulasch und köstliche Mehlspeisen wie Palatschinken, warmer Apfelstrudl oder Kaiserschmarr'n mit Zwetschkenröster bestimmen die Speisekarte, wobei vor allem Letzteres an eine Süßspeisenhymne des Ralf Benatzky erinnert:

> *A Mehlspeis, so ein Kaiserschmarrn,*
> *ist das schönste weit und breit,*
> *er kitzelt so beim Runterfahr'n,*
> *das ist noch die einzige,*
> *übriggebliebene, letzte Wiener Freud.*
> *A Mehlspeis, ach mir fehl'n die Worte,*
> *ist die beste Medizin,*

Palatschinken oder Zwetschkenknödel
Oder auch a Sachertort'n
Das gibt es halt nur in Wien

Zu einem »echten« Wiener Beisl gehört eine Stammtischrunde, die logischerweise aus Stammgästen besteht, die gleich ums Eck wohnen, nicht wesentlich verheiratet sind und nicht rasend viel zu tun haben. Das können sowohl Männer als auch Frauen sein. Inländer tun sich leichter, am schwersten tun sich schmähbefreite Vegetarier, Zeugen Jehovas oder Cola-Light-Trinker, egal welcher Herkunft. Am Stammtisch regieren die »Wuchtel-Drucker«, die Alphatiere des Schmähführens, die Ballkünstler des Spontanhumors. Dass ihre Pointen auch immer lustig sein müssen, steht nirgendwo geschrieben. Das Thema ist immer dasselbe: »Gott und die Welt«. Und beide werden täglich neu erfunden. Daheim bei Frau und Kind funktioniert das so nicht, resümiert Hans Hovorka in dem Bilder- und Geschichtenband »Wiener Beisl« aus dem Jahr 1985.

An meinen Beziehungskrisen sind zu einem großen Teil die Wiener Wirtshäuser schuld, deren Charme sich zu entziehen, ein Zeichen fehlender städtischer Sensibilität darstellen würde. Wäre ich nicht in Wien, sondern beispielsweise in Schärding, Feldkirch oder gar in Mannheim aufgewachsen, hätte auch meine wohnmäßige Integration ganz anders ausgeschaut. Da würde ich an jedem Abend samt Kleinfamilie in meinem Eigenheim hocken und meine sozialen Kontaktbedürfnisse mit Fernsehserien befriedigen. Und ein fettes Bankkonto hätte ich auch. Billiger und gesünder wär's schon. Aber auch schrecklich fad!

Zum Fressen gern

Der Bauch des Wieners

Ich bin der einzige Laubfrosch von allen,
der lieber Laub frisst als blaue Korallen
Korallen so blau
Mag ich nur zu Kakao
und nur, wenn sie feierlich knallen.
ANDREAS OKOPENKO

Die Gemütszustände und Emotionen des Wieners haben sehr viel mit der jeweiligen Befindlichkeit seines Magens zu tun. Hinter seiner weichen Schale verbirgt sich nämlich ein rauer Kern, der rasch zum Vorschein kommt, wenn man sein Bauchgefühl beleidigt oder er etwas absolut nicht ausstehen kann. »Na, do hob i scho g'fress'n!«, sagt er dann beispielsweise und will damit ausdrücken, dass es ihm in dieser Angelegenheit von vornherein an jeglichem (auch an geistigem) Appetit mangelt. Ist ihm allerdings etwas besonders lieb, so hat er es »zum Fress'n gern« – was mitunter leicht kannibalische Untertöne mitschwingen lässt.
In Wien isst man nicht nur gerne gut und billig, sondern auch reichlich. Kein Wunder also, dass der Wiener des Öfteren »ang'speist« ist. Dieser Begriff bezeichnet allerdings nicht nur das höchst behagliche Gefühl eines wohlgefüllten Magens, sondern auch den unangenehmen Zustand tiefer Verstimmung.

Der Wiener Kabarettist Richard Weihs stellte für sein Programm »Ausg'steckt. Ein schauriger Heuriger im Weinhaus Sittl« folgende Speis'karte zusammen:

Vorspeis: Frisch gebrochene Vorsätze im Schleimbad
Suppe: Beleidigte Leberknödeln im grindigen Grantscherb'n

Hauptspeis: Lauwarme Wiener Wurschtigkeit im eigenen Saft
Beilag: Brühwarmer Hinterfotz aus der Gerüchteküche
Salat: Fade Fisolen mit abgefeimten Miesmauscheleien
Nachspeis: Lobhudelstrudel für picksüße Schmeichellecker

Zum Drüberstreuen: Saure Neidhammelnierndln auf übler Nachred

Zum Runterspülen: Ein resches Achterl Gallensteiner

So ein Menü erklärt manches. Und dass man dafür einen »guten Magen« braucht, liegt auf der Hand und im Wesen des Wieners. Die Binsenweisheit »Liebe geht durch den Magen« hat also – wie so vieles in Wien – eine gefährlich doppelte Bedeutung: Durch den Magen geht prinzipiell alles Mögliche, aber nur wenn man Glück hat, auch die Liebe.
Logischerweise nimmt der Wiener neben emotionalen und flüssigen Nahrungsmitteln natürlich auch noch feste zu sich. Die weltberühmte »Wiener Küche« ist zwar sehr gut, aber, abgesehen von der Sachertorte, die tatsächlich eine Wiener Erfindung ist, besteht sie hauptsächlich aus böhmischen, ungarischen oder landesregionalen Rezepten, was dem Wiener selbst – wir ahnen es bereits – völlig »Blunz'n« ist, um in der Diktion zu bleiben. Da schlägt seine Vergangenheit als ehemaliger Bewohner eines Vielvölkerstaates positiv zu Buche: Welche Köche wo, was, wann erfunden haben, interessiert ihn nicht im Geringsten. Hauptsache, es schmeckt ihm – und das tut es meistens:

Ich hab sonst nix, drum hab ich gern
ein gutes Papperl, liebe Herrn:
Zum Gabelfrühstück gönn ich mir
ein Tellerfleisch, ein Krügerl Bier,
schieb an und ab ein Gollasch ein
(kann freilich auch ein Bruckfleisch sein),
ein saftig's Beinfleisch, nicht zu fett,
sonst hat zu Mittag man sein Gfrett.

Ein Hühnersupperl, tadellos,
ein Beefsteak in Madeirasoß,
ein Schweinspörkelt, ein Rehragout,
Omeletts mit Champignon dazu …
Josef Weinheber

Soweit, so gemütlich. Dass der Wiener jedoch von keinerlei nationalen Sentimentalitäten angekränkelt ist, wenn es ums Essen geht, beschreibt folgender Auszug aus Helmut Qualtingers »Travnicek«-Sketchen:

Freund: Also bitte, bleiben wir beim Naschmarkt. Auch dort ist es wesentlich, daß Sie ein heimisches Erzeugnis erstehen. Sie essen doch sicher gern Obst, Travnicek, was essen Sie da am liebsten?
Travnicek: Datteln.
Freund: Na, und sonst?
Travnicek: Bananen.
Freund: Travnicek, jetzt sagen 'S mir doch einmal etwas, was auf österreichischem Boden wächst und was Ihnen schmeckt.
Travnicek: Topfenstrudel.
Freund: Also bitte, bleiben wir beim Topfen, was halten Sie von unserem Käse?
Travnicek: Vergleichen 'S einmal die Löcher von an Schweizer Emmentaler mit den österreichischen Löchern. Diese Löcher sprechen Bände. I kauf mir nur noch Gorgonzola.
Freund: Sie fallen der österreichischen Wirtschaft in den Rücken, Travnicek.
Travnicek: Mit Gorgonzola?

Im Bauch des Wieners treffen Schweinsbraten, Neid, Palatschinken, Liebe, Eiernockerln, Gemeinheit, Sachertorte, Witz, Erdäpfelsalat, Sozialismus, Krautfleckerln, Esoterik, Kleinmut, Nusskipferln, Kapitalismus, Burenwurscht und Größenwahn aufeinander und all dies will tagtäglich erst einmal verdaut werden. Ein unermüdliches Kraftwerk, das da rund um die Uhr schuften muss, um abzuwägen und auszusortieren, was dann schlussendlich zur Entscheidungsfindung an den Kopf weitergeleitet werden kann.

Les Halles, der legendäre, laute, bunte, multikulturelle Pariser Großmarkt mit seinen vielfältigen Markthallen, wurde unter anderem durch Emile Zolas Roman »Der Bauch von Paris« bekannt. Es gibt aber auch einen »Bauch von Wien«. Und das ist der Naschmarkt mit all seinen alten und neuen Standeln und legendären Lokalen. Da gibt es keine Migrationsprobleme, keine xenophoben Ressentiments, allerdings auch immer weniger geschäftstreibende Wiener. Was insofern nicht sonderlich auffällt, als immer mehr Wiener dort frisches Obst, Gemüse, Gewürze und Delikatessen sämtlicher Art und aus aller Herren Länder einkaufen. Sie spazieren, gustieren, tratschen und »naschen«. Manche behaupten zwar, dass das Wort Naschmarkt von Aschenmarkt kommt. Aber das weiß niemand so genau.
Dieser »Bauch von Wien« ist eine laute, bunte, herrlich duftende Flaniermeile, wo neben köstlichen Nahrungsmitteln auch ein köstlicher Schmäh gehandelt wird. Ein Paradebeispiel dafür, dass man Schmäh durchaus auch multilingual führen kann – wenn man's kann –, ist der folgende Multikulti-Dialog dieser Naschmarkt-Standler:

Türke: Wos geht, Oida?
Wiener: A Schaß geht, da Prosciutto aus Modena is heut' Nacht beim Zoll hängan blieb'n.
Türke: Warum du net verkaufst krassen Schinken aus Tirol, Oida?
Wiener: Halbmond, net red' mir ins G'schäft eine.
Türke: Ollas leiwand, Oida. Hast du beste Wurscht von ganze Markt, brauchst du ka italienische Schinken.
Inder: Very lustig, gestern Dancing-Show im Tiwi-Fernsehn.
Wiener: A Wurscht is ka Schinken.
Türke: Ollas österreichisch bei dir, perfektes Qualität.

Scheiß auf Modena, Oida! Schaust net aus, bist du net, riechst du a net italienisch …
Wiener: No, wegen dir werd' i nach Basilikum duften!
Inder: Alles dancing like deppert … keines kann dancing … lustig, lustig.
Wiener: Was is los mit dir, Ghandi ? Hast du heut' in an Mohnfeld übernachtet, oda was?
Inder: Crazy Fernseh … dancing … very lustig.
Wiener: Debrecziner mit extra Pfefferkörndln, die Dame?! Für die Liebe – feinstes Futter – hilft dem Vata auf die Mutta.
Türke: Liebe kummt net von allani – sicher helfen Melanzani! Nur heute Aktionspreis!
Inder: Bitte, sorry, Lady, stör' i? Today i have an frischen Curry!«
GERRY GAM

Bis in die achtziger Jahre hinein, noch ehe der Lokal-Boom in Wien einsetzte, war der Naschmarkt auch oder gerade spätnachts ein beliebter Treffpunkt für Schlaflose oder Übriggebliebene aller Art. Wenn alle Lokale in der Innenstadt ihre Rollbalken bereits unten hatten, gingen sie in den frühen Morgenstunden an der linken Wienzeile erst in die Höhe. Dort trafen sie sich dann, die gestrandeten Seelen der Nacht, meist Studenten, Intellektuelle, Künstler oder sonstige Glückliche, denen keine Stunde schlägt.
In der Sopherl, bei der Gräfin am Naschmarkt oder im Drechsler ging es hoch her, während draußen am Markt die ersten Standeln mit frischer Ware beliefert wurden. Prostituierte und Taxler saßen neben Komponisten und Dichtern. Und manch prominenter Schauspieler lag mit verrutschter Sonnenbrille halb unterm Tisch, in der irrigen Annahme, man würde ihn dadurch nicht erkennen.

Im Café Dobner am Anfang der linken Wienzeile – also dort, wo heute ein Drogeriemarkt ist und wo einst eine transsexuelle

Kellnerin auf die Frage nach einem Aschenbecher wortlos auf den Boden zu deuten pflegte, forderte vor vielen Jahren der Lyriker Hermann Schürrer zu morgendlicher Stunde von dem Dramatiker Wolfgang Bauer ein Spontangedicht in »zwei Zeilen« ein, worauf der dichtete:

Rechte Wienzeile
Linke Wienzeile

Heute ist das Nachtleben im »Bauch von Wien« weniger schrill, weniger halbseiden, unübersichtlicher und dadurch irgendwie auch braver geworden. Was aber auch mit der ständig anwachsenden Zahl an Lokalen zu tun hat, die heute die Innenstadt bis in die Morgenstunden beleben. Tagsüber jedoch, und das ist nach wie vor die Uhrzeit, zu der der Wiener den Naschmarkt für gewöhnlich zu frequentieren beliebt, pulsiert dort ein multikulturelles Leben, das keinen Vergleich mit dem anderer Metropolen zu scheuen braucht.

Der Wiener Autor Doron Rabinovici bringt diese kleine, feine Welt auf eine stimmige Formel:

> *Der Naschmarkt ist eine der einzigartigsten Spezialitäten der Stadt und eine eigene Stadt der Spezialitäten, ein sozialer Brennspiegel, der die aktuellen und sozialen Spannungsfelder bündelt. Dieser Ort ist nicht bloß ein Gemeinplatz im doppelten Sinne des Wortes, sondern hilft manchem, der in Österreich nicht daheim ist, sich in Wien zuhause fühlen zu können.*

»G'spür«, das man auch Bauchgefühl oder Instinkt nennen könnte, ist dem Wiener allemal wichtiger, als das, was die Vernunft, also sein Kopf, ihm raten würde. Damit ist er historisch ebenso oft gut wie auch schlecht gefahren. Da sich sein Kopf mit beidem nie wirklich auseinandergesetzt hat, gibt ihm sein Bauch Recht und Unrecht zugleich und macht ihn dadurch unangreifbar.

I pfeif auf ollas, wos i net g'spür, und wann i mi selber net g'spür, dann pfeif i a auf mi.
Toni Strobl

Was soll man da noch hinzufügen? Vielleicht die präzise Beobachtung eines mampfenden Wirtshausgastes von Anton Kuh, der das seltsame Verhältnis des Wieners zu seinem Bauch auf drastische Art beschreibt:

Der Herr am Nebentisch traktierte die Gans, als hätte er sie lieber vergewaltigt als gegessen.

Wir haben es niemals gewusst …

Von Politikverdrossenheit und Verdrängung

… na ja, Österreich war immer unpolitisch …
i maan, mir san ja kane politischen Menschen!
Der Herr Karl

Für den Wiener besteht die Welt aus Nordpol und Südpol. Und solange er weder da noch dort leben muss, ist »seine« Welt in Ordnung. Er lebt und fühlt sich am wohlsten in den windstillen Zonen am Äquator der standpunktfreien Unverbindlichkeiten. Oder: auf einer »Insel der Seeligen«. Da ihm die Welt aber auf Dauer keine solche bieten kann, fühlt er sich als ein »Zerrissener«, dem das Leben stündlich weh tut. Und Unrecht noch dazu.
Aus schmerzlicher Erfahrung heraus will er weder links noch rechts, weder oben noch unten sein. Schon vor langer Zeit hat er sich pragmatischerweise dazu entschlossen, weder das eine noch das andere sein zu wollen. Und so ist er zwar stets mittendrin, aber nie wirklich dabei. Er sieht zwar alles, hat aber gleichzeitig – wenn es darauf ankommt – »nix geseh'n«. Er will sich eben nicht festlegen.

I sag net a so und i sag net a so, damit ma net sagen könnt', dass i a so oder a so g'sagt hätt.
Wiener Redensart

Der »gelernte Österreicher« kommt gar nicht auf die Idee, dass zwischen dem Mangel an politischer Kultur und seinem »Hände weg von der Politik« ein Zusammenhang bestehen könnte. Unter diesem Aspekt hat das, was wir heute mit einem gängigen Schlagwort »Politikverdrossenheit« nennen, eine lange Tradition.

Schon im 19. Jahrhundert hat sich ein geistiger Urahn des »Herrn Karl«, der Armenrat Nigerl, voll Stolz zu seiner politischen Ignoranz bekannt:

> *Ös wisst's, dass i a Feind von alle sogenannten öffentlichen Angelegenheiten bin. Ich wähl' mir mein Mann eini in' Reichsrat und Gemeinderat, damit kaner sag'n kann, dass i a säumiger Wähler bin. Aber, wann er amal drinnat is', nachher können's eam weg'n meiner d'Haut a'ziagn – dös geht mi nix mehr an.*

Zwei Weltkriege und sechseinhalb Jahrzehnte im zweiten Anlauf der Republik haben in dieser Stadt nicht nur politische Spuren hinterlassen, sondern auch mentale und emotionale in der Psychologie ihrer Bewohner. Auch der heutige Wiener ist ein ambivalentes Wesen. Und vieles mag im tiefsten Inneren seiner Seele die Jahrhunderte überdauert haben. Aber der Wiener des 21. Jahrhunderts lebt mit anderen Widersprüchen als der, der bis 1918 noch Bewohner einer kaiserlichen Residenzstadt war. Duckmäusertum und Obrigkeitsdenken waren damals noch Reste aus der Zeit Metternichs, als Franz Grillparzer, hin- und hergerissen zwischen glühender Vaterlandsliebe und grimmigen Auswanderungsgedanken, ein Musterbeispiel unausgegorener Widersprüchlichkeit abgegeben hatte. Nicht zu glauben, was ein und derselbe Mann pro und contra Österreich von sich geben konnte:

> *Es ist ein gutes Land, wohl wert, dass sich ein Fürst sein unterwinde.*
>
> *Fliehen will ich dieses Land der Erbärmlichkeiten, des Despotismus und seines Begleiters, der dummen Stumpfheit.*
>
> *Hoch Österreich – Habsburg für immer!*
>
> *Die Rotte, die uns regiert, ist von einer Schlechtigkeit, welche höchstens in ihrer Dummheit eine Entschuldigung finden mag.*

Die Zeit des Vormärz, die so tiefe Spuren in der Wiener Seele hinterlassen hat, muss eine schreckliche gewesen sein. Damals, als ein polizeistaatliches Willkürsystem unter dem regierungsunfähigen Kaiser Ferdinand I. den Bürger überwachte und drangsalierte, wo es nur ging. Der Titel »Biedermeier« für die erste Hälfte des 19. Jahrhunderts könnte treffender nicht sein:

Schau, dort spielt Herr Biedermeier
Und seine Frau, den Sohn am Arm
Sein Tritt ist sachte, wie auf Eier
Sein Wahlspruch: Weder kalt noch warm
Ludwig Pfau

Noch lang vor Adolf Hitler hat der Wiener zu einer Führerfigur aufgeschaut, zu einer allmächtigen irdischen Instanz, die sein Denken und Handeln über Jahrhunderte hinweg wesentlich bestimmte. Gleichzeitig aber fühlte er sich als Bewohner der Metropole eines Riesenreiches als etwas Besseres, als Privilegierter, quasi als Nachbar Seiner Majestät. Wenn auch als Untertan, so doch am Fuße eines Thrones. Einerseits geduckt im Schatten der Allmacht, fühlte er sich gleich darunter nicht als Primus inter Pares, sondern eher als »Primus unter Pariern«. Dass ihm die Geschichte des 20. Jahrhunderts einen gewaltigen Strich durch seine überhebliche Rechnung machen sollte, konnte er nicht wissen. Da hatte er noch lang daran zu kiefeln. Erst für die Generationen, die nach dem Zweiten Weltkrieg geboren wurden, ist der Verlust der Größe kein mentales Problem mehr.

Nach dem Zusammenbruch der Monarchie brauchte der Wiener zwar lange, bevor er von seinem hohen Ross herabstieg. Aber als er das schließlich – nolens volens – hinter sich gebracht hatte, landete er prompt auf unerforschtem Terrain, kannte sich plötzlich nicht mehr so genau aus und wurde folgerichtig misstrauisch.

Nach dem Ende des Ersten Weltkriegs humpeln zwei Schwer-Kriegsversehrte nebeneinander her. Sagt der eine:

»Hörst', deine Prothesen quietschen ja ganz fürchterlich!« Sagt der andere: »Na, soll's vielleicht spielen ›Gott erhalte!‹?«

»Gott erhalte«, die alte Kaiserhymne klingt plötzlich wie ein Abgesang auf eine versunkene Welt. Noch im Jahr 1918 verzichtet Kaiser Karl »auf jeden Anteil an den Staatsgeschäften«. Im März des darauffolgenden Jahres emigriert er unter englischem Schutz in die Schweiz. Im republikanischen Deutsch-Österreich sind nun zwei Vornamens-Vettern von Kaiser Karl an der Macht: Karl Renner als Regierungschef und Karl Seitz als erstes Staatsoberhaupt der neuen Republik. Da wird der Volksmund wieder munter und dichtet zur Melodie der alten Kaiserhymne eine republikanisch-monarchistische Restformel:

Gott beschütze Karl Renner
Gott beschütze Karl Seitz
Gott beschütz' auf alle Fäll' auch
Unsern Karl in der Schweiz

Aber mit ihrem neuen Staat wussten die Bewohner Rest-Österreichs nicht allzu viel anzufangen. Nicht nur die deutsch-national und großdeutsch Gesinnten haben sich gefragt, wozu diese Republik eigentlich gut sein sollte. Und eben dieser Fehler sollte in dem nach 1945 wiederauferstandenen Österreich nicht noch einmal passieren.
Da fand sich der Wiener, nach langen, verschlungenen und illusionsreichen Pfaden, die ihn meistens in die Irre geführt hatten, plötzlich am Boden der Nachkriegs-Realität. Man muss ihm allerdings zugestehen, dass die Fallhöhe gewaltig war. Vorgestern noch Einwohner eines europäischen Machtzentrums, gestern zerbombt, danach von fremden Mächten befreit und nun in einer zerschundenen Stadt ohne Glanz und Glorie – der Metropole eines Kleinstaates, der nicht einmal mehr über einen eigenen Zugang zur Adria verfügte. Das Gänsehäufl als Ersatz für Triest? Was für ein Abstieg!

Als Trost blieb nur noch der »vertrauensvolle Blick in die Vergangenheit«, wie Karl Farkas es so treffend formulierte.
Objektiv betrachtet, hätte sich der Wiener eigentlich glücklich schätzen müssen: Er hat, zwar unter großen Opfern und viel Elend, immerhin zwei Weltkriege innerhalb eines halben Jahrhunderts überlebt, ist eine hybride Monarchie und eine grauenhafte Diktatur losgeworden und mit einem blauen Auge in einer demokratischen Republik gelandet.

Die Vorreiter der neuen Österreich-Ideologie waren nicht zuletzt die heimgekehrten jüdischen Künstler und Intellektuellen, respektive das, was von ihnen übrig geblieben war. Hans Weigel, Friedrich Torberg und Ernst Lothar, um Pars pro Toto nur einige von ihnen zu nennen. Am Rande haben auch andere aus dem Exil heimgekehrte Patrioten dazu beigetragen, dass im kulturellen Geschehen wie auch im Alltagsleben ein neues kollektives Österreich-Bewusstsein an Boden gewinnen konnte. Denken wir nur an Peter Herz, der für den Klavierhumoristen Hermann Leopoldi folgenden Text abgeliefert hat:

Erst kommt Österreich
Und dann kommt lang nix
Für mich ist Österreich das Schönste auf der Welt …

Der Wiener krempelte – verstört, unsicher und misstrauisch nach all den Katastrophen – seine Ärmel hoch und machte sich daran, die verbrannte Erde wieder fruchtbar zu machen. Er hatte sich endgültig emanzipiert von Kaisern und Diktatoren, landesweit wurde ein Wirtschaftswunder wahr und in der Staatsoper musste man nicht mehr im Regen sitzen. Zu Recht konnte der Wiener allmählich wieder stolz auf sich sein, ohne dabei seinen gesunden Zweckpessimismus zu verlieren.

Was ist der Unterschied zwischen dem deutschen und dem österreichischen Wirtschaftswunder? Das österreichische ist wirklich ein Wirtschaftswunder!
VOLKSMUND IN DEN FÜNFZIGERN

Diese an und für sich erfreuliche Entwicklung hatte aber auch einen nicht unwesentlichen Haken: Der Wiener musste die Zeit, in der Österreich eine Zwangspause gehabt hatte, schleunigst verdrängen, ohne sie jemals verarbeitet zu haben. Das fiel ihm umso leichter, als er von der Politik, die aus guten Gründen mit dieser Vergangenheit nichts zu tun haben wollte, bezüglich Geschichts-Aufarbeitung und Wahrheitsfindung völlig im Stich gelassen wurde.

> *Wenn wir nur lange genug tun, als ob nix g'wesen wär, dann is a nix g'wesen.*
> Helmut Qualtinger

Dieses Wegblenden, Ignorieren oder Schönreden der Realität – eine wesentlich typischere Wiener Spezialität als das Schnitzel mit Erdäpfelsalat, die Schrammeln, die Gemütlichkeit oder die Lipizzaner – erklärte der große Erwin Ringel bereits 1984 in seinem Standardwerk »Die österreichische Seele« folgendermaßen:

> *Ich komme zu unserer Vorliebe für die Verdrängung zurück und behaupte, dass wir uns größtenteils nicht kennen. Viele Beispiele ließen sich dafür anführen, aber keines liegt mir so sehr am Herzen, wie die Art, mit der wir die Zeit zwischen 1938 und 1945 behandeln …*

Diese Verdrängung sollte zur Bedrängnis werden, als der vormalige UNO-Generalsekretär und nachmalige Bundespräsident Kurt Waldheim verlauten ließ, er habe als Offizier der NS-deutschen Wehrmacht »nur seine Pflicht getan« – ungeachtet des Umstandes, dass Österreich mit seiner bis dahin erfolgreich verfolgten Doktrin als »erstes freies Land« galt, »das der typischen Angriffspolitik Hitlers zum Opfer gefallen war« – gemäß der Moskau-Deklaration der Alliierten aus dem Jahr 1943. Einerseits eine solidarische Pflicht in deutscher Uniform erfüllt zu haben, andererseits als Österreicher von den Alliierten befreit worden zu sein – das war der Widerspruch, der einer ganzen

Generation schicksalhaft auferlegt war. Dass ausgerechnet ein österreichisches Staatsoberhaupt und gelernter Diplomat am Umgang mit diesem Widerspruch exemplarisch scheitern sollte, hat das bis dahin von aller Welt als harmlos und herzig empfundene Österreich auf der Bühne der Weltöffentlichkeit einige Jahre lang alt und hässlich aussehen lassen. Und dass der zur gleichen Zeit amtierende Bundeskanzler – in der Hoffnung, aus der Bedrängnis des politisch Andersgläubigen innenpolitisches Kleingeld schlagen zu können – dann auch noch Öl ins außenpolitische Feuer goss, verleiht der Widersprüchlichkeit noch groteskere Züge. Denn in den ersten Jahrzehnten der Zweiten Republik hatten die beiden »staatstragenden« Parteien den Verdrängungskurs noch mehr oder weniger gemeinsam getragen. Kaum einer hat diese verhängnisvolle Unaufrichtigkeit besser beschrieben als der Wissenschaftler und Poet Felix Pollak in seinem Gedicht »Niemalsland«. Der geborene Wiener wusste, wovon er sprach, musste er doch im Jahre 1938 in die USA emigrieren, wo er 1987 in Madison verstarb:

Wir haben es niemals gewusst
Wir sind es niemals gewesen
Das hat es niemals gegeben …

Das ist uns niemals gelungen
Das haben wir niemals versucht
Wir waren auch niemals dafür …

Ja, im Niemalsland lebt sich's behaglich
Man erinnert sich niemals an nichts
Uns selber hat's niemals gegeben

Trotzdem sind wir niemals ganz glücklich
Wir können halt niemals vergessen
All das, was hier niemals geschah

Einen wichtigen Beitrag zur Vergangenheitsbewältigung hat das Wiener Nachkriegskabarett geliefert. Mit der dämonischen Spießbürgerfigur des Herrn Karl hat sich Helmut Qualtinger bei

vielen Landsleuten den Ruf eines Nestbeschmutzers erworben. »Nestbeschmutzer« nennt man hierzulande nicht denjenigen, der ins Nest hineinmacht, sondern den, der ins Nest hereinkommt und sagt: »Da stinkt's!«
In einem hatten die Kritiker von damals natürlich Recht. Ein so durch und durch mieser Charakter wie der Herr Karl, ein solches Sammelprodukt menschlicher Haltungsschäden ist in der Realität nicht gut vorstellbar. Nicht einmal in Wien. Aber genau das macht ja eine Kunstfigur aus: Das Ganze ist nur eine – wenn auch in diesem Fall nach einer Realvorlage entstandene – Fiktion, aber die Einzelteile stimmen. Den Skandal, den die Ein-Mann-Satire auszulösen im Stande war, hat Hans Weigel auf den Punkt gebracht:

> *Der Herr Karl wollte einem bestimmten Typus auf die Zehen treten, und ein ganzes Volk schreit auf.*

Heimweh nach der Donau

Die gemischten Gefühle fern von zu Haus'

America, wenns ihr ma glaubads,
wia ma euch vermissen kann.
FALCO

»Ein Emigrant hat zwei Fremden«, beschrieb Alfred Polgar das Gefühl von Heimatlosigkeit und Entwurzelung, wie es auch in einer von Friedrich Torberg erzählten Anekdote zum Ausdruck kommt. 1940 trifft er am Broadway den von ihm so geschätzten Komiker Armin Berg und erkundigt sich im Zuge der überschwänglichen Begrüßung nach seinem Befinden:

> *Armin Berg sah sich aus wohlgepolsterten Schweinsäuglein nach allen Seiten um, als müsste man bei Äußerungen auf offener Straße auch hier die gleiche Vorsicht walten lassen wie einst in Wien. Dann beugte er sich näher zu mir: »Hör zu – warum wir da sind, weiß ich. Aber warum sind die Amerikaner da?«*

Nur eines hatte sich Armin Berg nach Amerika hinübergerettet: Die tiefsitzende Abneigung gegen seinen alten Kabarettrivalen Karl Farkas:

> *»Ich kann in Amerika nicht leben«, seufzte er. »Wenn ich den Farkas nur seh, geht mir die Gall' heraus.*

Der solcherart Beschimpfte reimte unverdrossen über die Spezialitäten-Restaurants in dem vom Kabarett so gut wie unbelasteten New York:

Ich aß dort einst ein Risi-Pisi,
Der Kellner meinte: »Take it easy.«

Zwar riecht es stark nach Irish Stew,
Doch sonst geht es recht bayrisch zu.

Man sagt, dass cheese und apple pie
Die Lieblingskost vom Seppl sei.

Aber für Kabarettprogramme à la »Simpl« fehlt den Amerikanern das Verständnis und den Emigranten das dafür nötige Kleingeld. In dieser Situation kommt dem Karl Farkas seine Vielseitigkeit zugute – er ist ja nicht nur Kabarettist und Blitzdichter, sondern auch Regisseur und Charakterkomiker. Unter seiner tatkräftigen Mithilfe kommt es in den USA mitten im Krieg zu einer kleinen Wiener Operetten-Renaissance. Wie einst in Wien feiert Farkas triumphale Bühnenerfolge als Frosch in der »Fledermaus«, als Zsupán im »Zigeunerbaron«, als Sigismund im »Weißen Rössl« und in der »Lustigen Witwe« als Baron Zeta, der in Amerika Popoff heißt.
Vor seiner heiß ersehnten Heimreise nach Wien schrieb er in sein Tagebuch:

Though it was nice, I'll have to go now.
Denn ich' hab' Heimweh nach der Donau.

Am Hudson River plagt auch den Komponisten Ralph Benatzky dieses »Heimweh nach der Donau«. Trotzdem widersteht er den Verlockungen, noch während des Kriegs »heim ins Reich« zu kehren. Obzwar dankbar für die Gastfreundschaft, gibt es der gebürtige Mährisch-Budweiser den New Yorkern schriftlich, dass ihn die Sehnsucht nach seiner Wahlheimatstadt plagt:

Jeder liebt, und 's ist ka Schand,
Grad sein Stückerl Heimatland!
Ihr liebt Manhattan und Brooklyn,
Und mir ist bang nach Wien.

Aber die ihm hartnäckig angebotenen Theater- und Filmproduktionen im Dritten Reich weist er immer wieder zurück. Und das, obwohl die Amerikaner für Benatzkys pointierte Texte und spritzige Musik nur wenig Verständnis zeigen. Zur gleichen Zeit klimpert auch das musikalische Talent des gebürtigen Wieners und späteren »My Fair Lady«-Komponisten Frederick Loewe unentdeckt dahin – in Biergärten, die größtenteils von Deutsch-Amerikanern frequentiert werden. Und die wöchentliche Sendereihe einer kleinen deutschsprachigen Radiostation in New York steht unter dem Motto: »Ralph Benatzky spielt heitere Kulturgeschichte.«
Dieses geistreiche Radio-Brettl wird von Oskar Karlweis konferiert, der bis 1933 österreichischer Starkomiker im deutschen Film und einer der legendären »Drei von der Tankstelle« gewesen ist. Gegenüber jedem, der es wissen will oder nicht, pflegt er sein stolzes Herkunftszeugnis abzulegen:

I bin a Wiener Pülcher aus der Hinterbrühl.

In New York zu sitzen, Heimweh zu haben und dennoch gegenüber Verlockungen des NS-Regimes hart zu bleiben – das war auch das selbstgewählte Los von Robert Stolz, der ebenso wie Benatzky aus freien Stücken und rein politischen Motiven in die USA emigriert war. Im Sommer 1941 geht ihm das Süßholzgeraspel des deutschen Kulturattachés schon so auf die Nerven, dass er die Bedingungen für seine Rückkehr nennt: den offiziellen Auftrag, einen Trauermarsch für Adolf Hitler zu komponieren. NS-Deutschland rächte sich bitter: Robert Stolz wurde ausgebürgert, sein in Wien zurückgelassenes Vermögen konfisziert und seine Musik mit Aufführungsverbot belegt.
Dass sich auch Österreichs führender Klavierhumorist, Hermann Leopoldi, gerade noch rechtzeitig nach Amerika retten konnte, verdankte er seiner deutsch-amerikanischen Frau, die alle Hebel in Bewegung setzte, um ihren Mann aus dem KZ Buchenwald herauszuholen.
In der »Viennese Lantern«, also der »Wiener Laterne«, einem

biederen Nachtlokal in New York, spielte Leopoldi dann seine bewährten Gassenhauer vom »Stillen Zecher« und der »Überlandpartie«. Und in Erinnerung an das, was es in New York nicht gibt, nämlich verschwiegene Gässchen, schreibt er gemeinsam mit dem Wiener Kabarettisten Jimmy Berg den Heimweh-Refrain »In den kleinen Seitengass'n, wo sich d' Mädeln küssen lassen«.

Gelegentlich streut Leopoldi zur Belebung seines Programms auch aktuelle Lieder ein, wie das von den »Novaks aus Prag«:

Der Fußtritt der Zeit hat die Novaks geknickt,
Sie wurden aus Träumen geweckt …
Es sitzt jetzt der Leo in Montevideo …
Die Tante, die Anna, die sitzt in Havanna
Und wartet auf Arthur, den Jüngsten,
Denn der Dampfer von Lissabon kommt zu Pfingsten …

Gemeinsam mit Robert Gilbert, dem Liedertexter der Operette »Im weißen Rössl«, schreibt Leopoldi ein Lied, das er nach Ende des Kriegs in die Heimat mitnimmt und das dort auch prompt zu einem Radioschlager wird. Der darin enthaltene Gedanke wirkt wie die volkstümlich-musikalische Fassung eines Satzes von Alfred Polgar, der die Situation eines Österreichers im amerikanischen Exil so beschrieben hat:

Im fremdsprachigen Land wird die eigene, die Muttersprache, zum Gefängnis, aus dem auszubrechen nur wenigen gelingt.

Bei Hermann Leopoldi klingt das so:

Ja da wärs halt gut, wenn man Englisch könnt,
bisserl mehr noch als how do you do,
doch solang man sein sweetheart Schatzerl nennt,
da hört's einem gar net erst zu.
Und solang man nicht weiß, dass ein Busserl a kiss ist,
ein Kuss schon genügt, dass die Miss wird zur Missis,

solang kommts nicht zu an happy end,
ja da wär's halt gut, wenn man Englisch könnt'.

Die Texte zu den besten Leopoldi-Evergreens wie »Schön ist so ein Ringelspiel« und »In einem kleinen Café in Hernals« schrieb Peter Herz. Aber der gastierte in diesen Jahren in London, wo er im Emigrantenkabarett »Blue Danube Club« als Conférencier auftrat. Herz wollte zwar reines Lachkabarett im Stil des Wiener »Simpl« bringen. Aber angesteckt vom schwarzen britischen Humor, dürfte es ihm nicht immer gelungen sein, im Unterhaltungsrevier des Harmlosen zu bleiben. So sagte er eines Abends:

Ich könnte ein ganz billiges Flugticket nach New York bekommen ... Nur fünfzig Pfund ... Weil das Flugzeug ein wenig beschädigt ist.

Friedrich Torberg zählt zu der überwiegenden Mehrzahl jener Auswanderer, die Ende der dreißiger Jahre aus rassischen Gründen in die Emigration getrieben wurden. Als ihn ein bornierter Amerikaner, der Fremde – egal welcher Herkunft – nicht ausstehen konnte, mit »Ihr Name klingt so nordisch, Mr. Torberg« zu hänseln versuchte, antwortete dieser schlagfertig:

Einer meiner Vorfahren war Schiffsrabbiner bei den Wikingern.

In den »Erben der Tante Jolesch« beschreibt Friedrich Torberg die bangen Gefühle vor der Ankunft in New York. In seinen kühnsten Träumen hätte er sich vorgestellt, dass ein Mann mit einem breitkrempeligen Hut am Pier stehen, auf ihn zukommen und fragen würde:

»Mister Torberg? Ich komme von Warner Brothers. Hier sind zweihundert Dollar ... Sie können noch ein paar Tage in New York bleiben, dann erwarten wir Sie in Hollywood.«
Bei unserer Ankunft im Hafen von New Jersey stand ein

Mann mit einem breitkrempeligen Hut am Pier, trat auf uns zu und händigte jedem von uns im Auftrag von Warner Brothers zweihundert Dollar aus. Es war das erste und das letzte Mal, dass ich in Amerika etwas Märchenhaftes erlebte.

Aber solche Märchen dauern eben nicht lange. Schon bald muss Torberg feststellen, dass er mit der wöchentlichen Gage, die er von Warner Brothers erhielt – wie übrigens auch neun andere aus Deutschland und Österreich geflüchtete Autoren –, keine großen Sprünge machen konnte:

Nach Abzug aller Spesen (Steuer, Social Security, Ausländerabgabe etc.) blieb von den 200 Dollar gerade so viel übrig, dass wir der Sorge um unser tägliches Brot enthoben waren, an Sonn- und Feiertagen mit etwas Butter, und damit hatten wir noch immer mehr, als anderen, minder Glücklichen, zuteil wurde.

Nach dem Motto »Sei gut und sprich darüber« schlachtete die amerikanische Filmwirtschaft – neben Warner Brothers war auch Metro Goldwyn an dieser Rettungsaktion beteiligt – die gute Tat nach allen Regeln der Kunst für Publicity-Zwecke aus. In einer dem »Oscar« nicht unähnlichen Galaveranstaltung wurden die Anti-Nazi-Poeten auf einem großen Podium präsentiert, was Alfred Polgar zu der Vermutung veranlasste, es wäre wahrscheinlich besser gewesen, unrasiert und abgerissen zu erscheinen, um damit anschaulich zu demonstrieren, dass es sich hier um gerettete Flüchtlinge handelte. Rückblickend beschreibt Polgar seine Erfahrungen als europäischer Schriftsteller in amerikanischen Filmstudios:

Man ließ uns noblerweise nicht spüren, wie unnütz wir waren. So verbrachten wir, von niemand gekränkt, ein Jahr … zwar nicht beschäftigt, jedoch hierfür bezahlt. Kein idealer Zustand, aber immerhin besser, als wenn es umgekehrt gewesen wäre.

In Dankbarkeit für die Gastfreundschaft, aber ohne eine Spur von Wehmut blickt Polgar in seinem Feuilleton »Ein Jahr im Studio« auf diese Zeit zurück:

> *Hollywood ist ein Paradies, über dessen Tor geschrieben steht: »Lass, der Du eintrittst, alle Hoffnung fahren.«*

Etwas volkstümlicher hat es Gisela Werbezirk formuliert:

> *Hollywood? Purkersdorf mit Palmen!*

Die aus Pressburg stammende Wiener Komödiantin wurde in Hollywood dank ihrer Vis comica oftmals für Filmauftritte engagiert. Ihre Szenen mussten aber meistens wieder herausgeschnitten werden, da sie den alteingesessenen Stars nolens volens die Show stahl.

Wiens hoffnungsvollste Leihgabe an Hollywood war zweifellos Oskar Werner. Obwohl das Stimmwunder und schauspielerische Ausnahmetalent im Kinofilm-Mekka schon Anfang der fünfziger Jahre wie ein junger Prinz empfangen wurde, hat er es nie zum König gebracht. Das scheiterte bereits an seinen Umgangsformen. Der eigenwillige Einzelgänger dachte nicht im Traum daran, sich den ungeschriebenen Gesetzen des amerikanischen Showbiz zu unterwerfen. So bravourös seine schauspielerischen Leistungen in Kultstreifen wie »Das Narrenschiff« und »Entscheidung vor Morgengrauen« auch waren, galt er doch als »äußerst schwierig«. Was gleichbedeutend mit einer Warnung an Produzenten und Regisseure war: Mit einem Engagement von Oskar Werner würde man ein hohes Risiko eingehen. Nach Beendigung der Dreharbeiten zu dem in England produzierten »Fahrenheit 451« ächzte der schwer genervte Starregisseur Francois Truffaut im Jahr 1966:

> *Er weigerte sich, auch nur einen Vorschlag von mir anzunehmen. Aber was sollte ich tun – ihm an die Gurgel springen? So endete meine Zusammenarbeit mit Oskar Werner,*

den ich nach seiner Abfahrt nach Hollywood nicht mehr wieder sehen werde, und ich hoffe, später auch nicht.

Und ein renommierter US-amerikanischer Drehbuchautor hat über den »verrückten Hamlet aus Wien« einmal gesagt:

Oskar Werner hat keinen Agenten und schert sich nicht um Publicity. Auch mit Geld kann man ihn nicht locken – sonst hätte er nicht Rollenangebote mit solchen gigantischen Gagensummen abgelehnt. Andererseits spielt er auch für Peanuts, wenn ihn etwas wirklich interessiert.

Da konnte es auch passieren, dass Werner kurzentschlossen die Dreharbeiten abbrach und abreiste, wie nach einer Meinungsverschiedenheit mit den amerikanischen Regisseur Robert Parrish, auf dessen Geheiß er die Rolle eines NS-Offiziers sympathisch anlegen sollte, was er partout nicht übers Herz brachte. Wie wenig beeindruckt Oskar Werner von der großen Glitzer- und Glamourwelt in Wahrheit war, zeigt sich nicht zuletzt in der spöttischen Bemerkung, die er nach einer durchzechten Nacht mit dem Ehepaar Richard Burton und Elizabeth Taylor über die von aller Welt begehrte Film- und Sex-Göttin Taylor absonderte:

A fade Powidl. Die hätte man mir nackert auf den Bauch binden können …

Auch Falco, für den Oskar Werner ein leuchtendes Vorbild war – durch den etwas unbeholfenen Annäherungsversuch an die singende Sprache des Oskar Werner entstand Falcos eigentümlicher Sprechstil –, hat sich mit dem Lebensstil und der Mentalität der US-Amerikaner schwergetan. Schon in der Zwischenkriegszeit war die bezeichnendste Antwort eines Wieners auf die Umfrage einer Emigranten-Zeitschrift:

»Was gefällt Ihnen am American way of life?«
»Dass mich niemand zwingt, danach zu leben!«

Fünfzig Jahre später legte Falco noch eins nach mit der wiederholten Feststellung:

> *Das Beste an den USA sind die Flieger nach Europa!*

Und als sich der große Traum jedes europäischen Popstars, in den US-Hitparaden auf Position eins zu sein, für Falco mit »Rock me Amadeus« endlich erfüllt hatte, machte er sich mit einem flapsigen Sager in der Pop-Chart-TV-Show »Solid Gold« nicht sonderlich beliebt:

> *Das Schönste an der Fahne der USA sind die rot-weiß-roten Streifen!*

So gut er die österreichischen und deutschen Medien auch für sich instrumentalisieren konnte – mit einem Schmäh, der in Österreich gut verstanden und in Deutschland als drollig empfunden wird, so unwillig war er, wenn es darum ging, Konzessionen an die angloamerikanische Welt zu machen. Er wusste ganz einfach, dass sein Biotop in Wien ist, und brachte dies in dem Song »Amerika« auch unmissverständlich zum Ausdruck.

Wos in mir sitzt ist weiß gespritzt
Des is ma völlig klor
Obgleich ich Whiskey tschechern tu
Seitdem in USA ich wor
Ah, dort sogens:
»Falco, you are wonderful!«
Komm hobts mi longsom gern
Wenns' meine records trotzdem kaufen tätets
Tät es mi net stern
Ihr werdt's mi nehma miassn wiar i bin
I sogs eich lieber glei
Zaagts ma den nächstn schlonkn Fuaß
Donn bin i fir eich live dabei
America, wenns ihr ma glaubads,
wia ma euch vermissen kann
Falco

Um Heimweh zu verspüren, muss der Wiener nicht nach Amerika reisen. Ein längerer Aufenthalt in Deutschland kann sich ganz ähnlich auswirken. Von Mitte der fünfziger bis tief hinein in die siebziger Jahre hat das bundesdeutsche Wirtschaftswunderland mit seinem hohen Lebensstandard und seinem vergleichsweise traumhaften Gehaltsniveau hochqualifizierte Gastarbeiter aus Österreich angelockt. Den symptomatischen Verlauf eines solchen Auswandererschicksals hat der Kabarettist Gerhard Bronner in einem seiner Chansons geschildert. Ironisch überspitzt und doch realistisch beschreibt er Glanz und Glorie eines Zeitgenossen:

Poldi N., ein Wiener aus der Neustiftgasse
War seit jeher chronisch schlecht bei Kasse
Er war hochbegabt als Grafiker und Maler
Seine Kunden aber waren schlechte Zahler
Er versuchte sich als Zeichner und Radierer
Als Entwerfer teils und teils als Illustrierer

Es fehlt diesem jungen Wiener also weder an Fleiß noch an Talent, wohl aber an nötigem Geld, um sich die Dinge leisten zu können, die er sich fürs Leben wünscht. Das soll sich aber ziemlich rasch ändern, als er sich dazu entschließt, nach Deutschland auszuwandern:

Poldi N., ein Wiener aus der Neustiftgasse
War in Bielefeld beliebt und gut bei Kasse
Schon im ersten Brief, da schrieb er aus Westfalen:
»Stellt's Euch vor – die Leute da, die zahlen
Ich verdiene gut, obwohl ich wenig tue
Ich hab' schon an Anzug und auch zwei Paar Schuhe …«

Doch es dauert nicht lange, da zieht es ihn wieder zurück in die Heimat – dorthin, wo das Essen besser schmeckt, der Kaffee nicht »so ein G'schloder« und die »Ansprach« weitaus lustiger ist. Und er kommt zu dem Schluss:

Lieber ohne Geld am Lerchenfeld
Als ein Krösus d'rausd in Bielefeld
Bei uns in Wien, da wär'n so viele Wälder
Aber hier gibt's nix wie Bielefelder
Was nützt mir denn das viele Geld
In Bielefeld, in Bielefeld?

Der österreichische Lyriker Erich Fried hätte allen Grund gehabt, seine Heimatstadt für immer aus seinem Herzen zu verbannen – so wie Wien es im Jahr 1938 mit dem damals 17-Jährigen gemacht hatte. Im selben Jahr war sein Vater an den Folgen eines Gestapo-Verhörs gestorben.

In seinem nahezu wienerliedhaften »Bekenntnis zu Wien« gesteht er die gemischten Gefühle eines von der Heimatstadt weggelegten Kindes:

Du hast mich aufgezogen, Stadt,
dann stießest du mich aus.
Nur wer schon Eis im Herzen hat,
hockt, wo es brennt, im Haus.
Drum, als du Achtunddreißig schriebst
In Schande und in Wut –,
dass Du mich aus den Grenzen triebst,
mein Wien, ist gut.

Fried wanderte nach England aus, arbeitete bei der BBC, unterstützte die Jugend der 1968er-Generation und wurde einer der größten, schon zu Lebzeiten gefeierten und vielzitierten Poeten. Stichwort: »Es ist was es ist, sagt die Liebe.« Im Jahr 1982, sechs Jahre vor seinem Tod, nahm er die unfreiwillig verlorene österreichische Staatsbürgerschaft wieder an, behielt zugleich aber die britische. Dadurch wurde die Wehmut über die einst verlorene Heimat gemildert. Wenn auch nicht ganz:

Weil ich nun in der Fremde wohn',
verschwimmst du oft in mir.

Und manchmal braucht es Mühe schon,
dass ich dich nicht verlier.
Du meine Freude und mei Weh,
du Angst und banger Mut! –
dass ich dich einmal wieder seh,
mein Wien, ist gut.

Lauter so Burschen wie i!

Das Wiener Figurenkabinett

A Kutscher kann a jeder wer'n,
aber fahr'n, das können's nur in Wean.
GUSTAV PICK

In der großen Zeit des Nachkriegskabaretts kreierten Gerhard Bronner und Helmut Qualtinger ihre legendären »Travnicek«-Gespräche. Bisher hatte es in den Doppelconférencen immer einen »Blöden« und einen »Gescheiten« oder zumindest einen Weniger- und einen Besserinformierten gegeben. Und weil sich die Zuschauer abwechselnd mit dem einen und mit dem anderen identifizierten, waren die Lacher fast gleichmäßig auf beide verteilt.
Anders im Fall Travnicek. Hier wird ein anonym bleibender, auch im Programmheft lapidar als »Freund« bezeichneter, zu allem positiv Eingestellter mit einem wahren Monstrum konfrontiert: Travnicek, ein Urwiener, wie schon der Name verrät, ein Raunzer, dem alles zuwider ist, der alles schlecht und in jeder Suppe ein Haar findet, ist bis in die Knochen davon überzeugt, ein »Oberg'scheiter« zu sein …

Freund: Was pflegten Sie zu Weihnachten zu kriegen?
Travnicek: Watschen.
Freund: Wie das, Travnicek?
Travnicek: Ich pflegte den Baum anzuzünden.
Freund: Absichtlich?
Travnicek: Nein, es hat sich so ergeben.

Bei jeder dieser Doppelconférencen waren der negative Travnicek und sein positiv denkender Freund von Kopf bis Fuß vollkommen gleich angezogen.

Handelte es sich vielleicht um ein und dieselbe Person? Um die zwei Seelen in unserer Brust?

> *»Im Grunde«, sagt Egon Friedell, »lachen wir eigentlich immer nur über uns selber, über unsere eigenen komischen Möglichkeiten.«*

Er kann alles, er weiß alles. Nur eines kennt er nicht: den Zweifel an sich selbst und an seinem unfehlbaren Weltbild. Da wird der größte Babelbau zur kleinen Nabelschau.

> *Freund: Wie, Travnicek, hat der Kreml auf Sie gewirkt?*
> *Travnicek: Was soll ich Ihnen sagen – genau wie der russische Pavillon auf der Wiener Messe.*

»Der Travnicek«, diese vielbelachte Schöpfung von Helmut Qualtinger und Gerhard Bronner, war die populärste Spießbürgerparodie des Wiener Nachkriegskabaretts. Dieses Negativ-Aushängeschild eines Sozialtouristen aus Wien misst jede Sehenswürdigkeit im Ausland an seiner Heimatstadt. Die Akropolis ist für ihn nur eine Nachahmung des Parlaments. Und der Rote Platz in Moskau:

> *Wie die Schmelz, nur ohne Schrebergärten.*

Wie schön, ein Mensch von einfachem Gemüt und doch so »scharfsinnigem« Urteil zu sein .... Schließlich reist er ja nicht zu seinem Vergnügen – oder gar, um sich zu bilden –, sondern weil das heutzutage einfach dazugehört. Und wenn er wieder nach Hause kommt, weiß er so viel wie zuvor.

> *Freund: Die Lappen?*
> *Travnicek: G'scherte im Pelz ...!*
> *Freund: Die Mitternachtssonne!*
> *Travnicek: Was brauch' i um Mitternacht a Sunn?*
> *Freund: Die Cote d'Azur!*
> *Travnicek: Krumpendorf, aber haßer ...*

Freund: Und was sagt Ihnen Spanien?
Travnicek: Offen gestanden – nichts. Der Malaga is' ka Heuriger.

Travniceks Vorgänger war der Herr Adabei, dessen »Reiseberichte« der Wiener Literat und k. k. Bahnbedienstete Vincenz Chiavacci herausgegeben hat. Auch Adabei geht mit Scheuklappen durch die Welt. Einziger Zweck seiner Reisen scheint die sentimentale Erkenntnis zu sein, dass es »daheim am schönsten ist«. Über Venedig sagt Herr Adabei beispielsweise:

Die Stadt ist das Merkwürdigste, was ich in meinem Leben g'seh'n hab. Denk dir in jeder Gass'n an stinkerten Wienfluss ..., der Marcusplatz is' eigentlich nix als a großer Taubenkobel; die Tauben san Herren, die Leut' san nur geduldet ...

Etwas gnädiger beurteilt Adabei die steinernen Zeugen des griechischen Altertums – aber einem Vergleich mit Wien halten natürlich auch sie nicht stand:

War i nur net aufeg'stieg'n auf die Akropolis ... Geh morg'n in Volksgarten, schau dir den Theseustempel an und sag ihm, i laß' ihm schön grüßen, er is' viel schöner als sein Herr Vetter in Athen. Net amoi a Theseus is' d'rin.

Adabei und Travnicek – die Ähnlichkeit ist verblüffend. Sagt der eine: »War i nur net aufeg'stieg'n«, dann ergänzt der andere etliche Jahrzehnte später: »Wann mi des Reisebüro net vermittelt hätt'!« Aber es gibt auch einen wesentlichen Unterschied: Während das Sumpertum beim Herrn Adabei noch durch eine biedermännische Gemütlichkeit gemildert wird, tritt es beim Travnicek in geradezu brutaler Unverblümtheit zutage. Auf die Frage, wie er die Zeit in Moskau verbracht habe, sagt er nur:

Travnicek: Wir waren b'soffen.
Freund: Sie waren doch schon im Zug besoffen?

Travnicek: No – san mir gleich so blieben. Was gluben 'S, was mir für a Hetz g'habt haben: Lauter so Burschen wie i.

Dass sich zwischen der k. k. Zeit und der Zweiten Republik auch in puncto Gastfreundschaft einiges geändert hat, geht aus einem satirischen Quervergleich hervor. Chiavaccis Adabei »reißt« sich als Fremdenführer noch »einen Hax'n aus«, um seinem norddeutschen Gast die Schönheiten Wiens näherzubringen. Schließlich lädt er ihn sogar zu sich nach Hause ein, damit er die »Hausmannskost« kennenlernt:

Lauter weanerische Sachen! Der Schlangenfraß im Hotel is ja net weanerisch. Nach 'n Essen pasch'n mir ab; mei Alte braucht net z' wissen, wo mir hingehn. Da wird' i Ihna nachdem »Wien bei der Nacht« zeigen. S' Höchste, sag i Ihna! Da werd'n 'S mi erst als Drahrer kennenlernen.«

Im Zeitalter des Massentourismus ist für solche Extratouren natürlich keine Zeit mehr. Als Helmut Qualtinger einen ländlichen Fremdenverkehrsfunktionär parodierte, blieb kein Auge trocken. Sein Solovortrag »Befremdlich Verkehrtes« gipfelte in dem flammenden Appell:

Nicht nur im Hotel, auch im freien Gelände, bei jeder Mahlzeit, bei jedem Schritt, bei jedem Atemzug kann der Fremde nicht nur geneppt, sondern auch angeschnorrt werden.

Damit aber nichts dem Zufall überlassen bleibt, regt der rührige Fremdenverkehrsmanager eine Aufsehen erregende Rationalisierungsmaßnahme an:

Trinkgeldautomaten, die dem Fremden nach Einwurf einer Münze ebensoviel bieten wie der Einheimische, nämlich nichts …

Es ist zumeist die unbewusste Witzigkeit, die eine komische Figur zu einer solchen macht: ihre Schrulligkeit, Zerstreutheit oder die gewisse Mischung aus (gespielter?) Naivität und

Schläue. Das ist auch der Stoff, aus dem die altösterreichischen Originale sind, wie der Wiener Stillleben-Maler Schödl, dessen Sprüche unfreiwillig komisch, aber auch hintergründig sein konnten. Bei ihm sind die Grenzen zwischen Dichtung und Wahrheit, zwischen Witzfigur und witziger Figur fließend, denn mit ziemlicher Wahrscheinlichkeit hat man dem legendären Schödl so manchen Witz bloß angedichtet.
So soll Schödl, der seine hochgehandelten Stillleben vorzugsweise aus orientalischen Gebrauchsgegenständen zusammengesetzt hat, von einem Besuch überrascht worden sein, als er gerade in seine Arbeit vertieft war. Nach einigen schweigsamen Minuten brach der Gast die Stille und fragte:

> *»Seit wann malst du Figurales?«*
> *»Was wer' i Figurales mal'n. I mal' doch Stilleben.«*
> *»Malst aber do was Figurales.«*
> *»Hab' i in der Zerstreutheit doch glatt mei' Selbstporträt gemalt.«*

Diese Anekdote widerlegt das bürgerliche Vorurteil, dass die Zerstreutheit Abwesenheit des Geistes bedeutet. Der scheinbar konfuse Geist des Künstlers ist sogar sehr konzentriert, aber auf etwas anderes, auf etwas, das im schönsten Sinn des Wortes »weltfremd« ist, weil das Unbewusste über das Bezweckte triumphiert.
In diese Kerbe schlägt auch Egon Friedell, wenn er dem »ernsten«, also materialistischen und strikt realitätsbezogenen Menschen, den »unernsten«, den künstlerischen und geistigen Menschen entgegensetzt. Der ist imstande …

> *… das Leben von oben herab zu betrachten, indem er es bald humoristisch, bald tragisch nimmt, aber niemals ernst.*

Beobachten wir – zu unserer Zerstreuung – noch einmal Schödls Zerstreutheit, wie er sich in Gedanken versunken einem Fiakerstandplatz nähert, sinnierend eines der Gefährte besteigt und wie üblich gefragt wird:

Wohin fahr'n ma, Euer Gnaden?

Da schreckt Schödl aus seinen Gedanken auf:

> *Fahren 'S mich auf Nummer sechs; die Gassn'n sag' i Ihnen später.*

Zu Schödls Lebzeiten war der Fiaker noch ein Monument des Volkshumors; so wie er im Fiakerlied besungen wird –»mei Bluat is so lüftig, so leicht wie der Wind«, so wollte sich das »Weana G'müat« schlechthin verstanden sehen: leichtlebig, mit urigem Mundwerk und dem »Herz am recht'n Fleck«.

> *Die Wiener Fiaker machten sich in der älteren Zeit schon so bemerkbar, weil sie natürlich, trocken, nicht um witzig scheinen zu können, ihren Witz erst suchen und entlehnen mussten, sondern weil sie witzig waren, ohne oft selbst zu wissen, dass sie witzig gewesen sind.*
> JOHANN BAPTIST MOSER

Mit der Frage »Fahr'n ma, Euer Gnaden?« erhob so ein Fiaker zunächst jeden Fahrgast in den Adelsstand. Aber wehe, wenn diesem das »Zeugl« zu teuer war, dann wurde er gleich wieder degradiert und als »Tatscherlbacher« und »Rüatelbesen« beschimpft, der doch besser auf einem »Mohnbeugel nach Hause reiten« sollte.
Der wohl berühmteste Fiaker von Wien war Josef Bratfisch. Der Leibkutscher von Kronprinz Rudolf war auch ein begabter Wienerliedersänger und Kunstpfeifer. Von den anderen Nobelfiakern kannte man nur die Spitznamen: »der Wamperte« (Dicke), »die harbe Goschen« (der Bissige), »der G'flickte« (Blatternarbige) und »der Hungerl« (der Magere).

So was nennt man Kundentreue: Als eine bekannte Wiener Lebedame einsam und verlassen im Armenspital ihren letzten Seufzer getan hatte, bereitete ihr der »Hungerl«, der sie mit den verschiedensten Liebhabern in ihren besseren Zeiten noch zum

Sacher, zum Trabrennplatz und zu rauschenden Festen geführt hatte, ein würdiges Begräbnis und begleitete sie als Einziger zu ihrer letzten Ruhestätte. »Hungerl« war übrigens noch ein vornehmer Spitzname im Vergleich zum »Spinatg'selchten«, »Zinnkrauthuster«, »Brustfleck«, »Grammelsterz« und »Schuhwixel«, ganz zu schweigen von der »Plutzerbirn« und der »Umurken«. So blumige Spitznamen gab es sonst nur in der Wiener Halb- und Unterwelt, also dort, wo die »Galeristen« und »Strizzis« – Zuhälter und Kleinverbrecher (aus dem tschechischen »Strýc« für Onkel) ihr Unwesen trieben. Insofern sie Stammgäste in der Strafanstalt Stein (in einschlägigen Kreisen auch »Mutterhaus« genannt) sind, werden sie auch »Stanbeißer genannt. Ein altes Wienerlied erzählt uns Näheres über die branchenüblichen Kosenamen und die finsteren Absichten dieser »ehrenwerten Gesellschaft«:

Der Strawanzer-Hansi
Und der Granaten-Franzi
Und der Schillee-Wickerl – alle Drei

Zur näheren Erläuterung: »Strawanzer« ist einer, der gerne umherstreift und »auf Lepschi geht«, sich also herumtreibt. Das »Schillee« schließlich ist eine Weste. Aber weiter im spannenden Text dieser Gaunerballade:

Sie san zum Stoß nei'n 'gangen
Ham woll'n a Haserl fangen
Dabei san's Neger 'gangen – alle Drei

»Stoß« ist ein bis heute verbotenes Glücksspiel. Und »Haserl« ist ein Außenstehender der kriminellen Szene. Weil aber der, den »die Drei« für ein »Haserl« gehalten haben, in Wahrheit auch ein ausgefuchster Falschspieler war, sind die drei Spießgesellen im wahrsten Sinn des Wortes an den Falschen gekommen und dabei »Neger 'gangen«, haben also verloren. Aus weiteren Strophen dieses musikalischen Sittenbilds erfahren wir, dass die Gaunerei auch im alten Wien keine reine Männerdomäne war.

Da gibt es eine »Neubau-Fanni«, eine »Dukaten-Nanni« und eine »Zitronen-Resi», die beim Wiener Juwelier Hügler »einen Gadern fangen«, das heißt, einen Ring stehlen wollten, bei dieser »Kernhack'n« (Juwelendiebstahl) ertappt worden und »Mülli 'gangen«, also schließlich im Polizeiarrest gelandet sind. Im »Häf'n« – dort wo man »Mülli«, »Meier« oder »verschütt'« geht – ist am Schluss jeder Strophe auch schon wieder Endstation. Wenn es nach dieser alten Ballade geht, dann muss die Rate an aufgeklärten Verbrechen in früheren Zeiten im Vergleich zu heute wesentlich höher gewesen sein.

Zurück zu den einfachen, aber ehrlichen Leuten.
Vinzenz Chiavacci machte die Wiener Marktweiber unsterblich – er erfand die Frau Sopherl, eine Kunstfigur, die stellvertretend für ihre Zunftgenossinnen mit ihrer »reschen Gosch'n« zu allem und jedem »ihren Senf« gab. Als sie befürchten muss, dass sie ihre wichtigste Arbeitskraft verlieren könnte, wenn man ihren Mann im Zuge allgemeiner Wehrpflicht zu den Fahnen holt, räsoniert sie:

> *Da haßt's allerweil: heilig is' das Eigentum, und nachdem nehmaten s' a'm dö Männer weg, dö ma si müahselig gnua derheirat' hat.*

Die Tante Jolesch gehört zum Gegensatz zur Frau Sopherl dem wohlhabenden Bürgertum an. Dementsprechend abgeklärt sind auch ihre Lebensweisheiten. Jedem kocht sie seine Lieblingsspeise. Nur ihre eigene will sie nicht preisgeben. Da versucht ein Neffe, sie zu überlisten:

> *»Stell die vor, Tante, Gott behüte, dass es passiert, du weißt, dass du nur eine halbe Stunde zu leben hast und sitzt im Gasthaus ... Was würdest du bestellen?«*
> *»Etwas Fertiges!«*

Und die Sopherl, obzwar aus anderem Holz geschnitzt als Torbergs Tante Jolesch, war ihr doch geistesverwandt, weil auch sie in knapper und pointierter Form Weisheiten von sich geben konnte, die sie dem Leben abgeschaut hatte:

Dö größten Verschwender san dö Leut', dö von der Hand in' Mund leb'n. Je höher hinauf, desto mehr wissen dö Menschen 's Geld zu schätzen.

Zwar gab es zu Sopherls Lebzeiten noch kein Frauenwahlrecht, und schon gar kein passives, aber …

… laßt's nur mi' amal im Parlament sitzen, hernach wird'n mir seg'n, ob überhaupt no a anderer z'Wort kummt …

Unbeseelt vom Witz der kleinen Leute, aber auch unbeleckt von der Bildung des gewachsenen Bürgertums ist die Frau von Pollak, die angeblich auf eine Originalvorlage dieses Namens zurückgeht. Neureich, eitel und dumm steht diese Kunstfigur für einen neuen Menschentyp, der, im Kapitalismus groß geworden, weder von seiner Herkunft noch von seiner Erziehung her ein besonderes Bedürfnis nach Kultur entwickelt. Alles, was die Frau von Pollak aus ihrer Schulzeit behalten hat, sind – Bildungslücken. Und so tritt sie »instinktsicher« von einem Fettnäpfchen ins andere.
Wenn sie hie und da aber doch der Wissensdurst plagt, dann saugt sie etwa begierig in sich auf, dass die bei uns so häufigen Familiennamen Czerny, Novak und Swoboda so viel bedeuten wie »Schwarz«, »Neumann« und »Freiheit«. Und Prochaska heißt auf Deutsch »Spaziergang«. Also angelt sie sich kurz darauf den netten Herrn Prochaska mit der charmanten Aufforderung:

Kommen Sie, Herr Prochaska; machen wir einen kleinen Prochaska.

Und als sie ihre Gäste stolz durch die neue Herrschaftswohnung führt, hält sie vor der mit dem Herrenzimmer beginnenden Zimmerflucht inne:

Hier beginnt die Flucht meines Mannes.

Fast alles kann man kaufen – sogar ein Adelsprädikat, nur eines nicht: Bildung und »Vornehmität«. Und so ist es zwar lächerlich, aber nicht verwunderlich, wenn Frau von P. eines ihrer Zimmer im »Tarockstil« einrichtet, in Fragen ihrer Gesundheit nur die teuersten Ärzte »insultiert« und in der Oper – wo sie den »Lohengrin« nicht vom »Freischütz« unterscheiden kann – die »Prostitutionsloge« abonniert hat.
Wie heißt es doch: Fremdwörter sind Glückssache. Der wahre Meister der Sprachbarbaren ist aber der legendäre Poldi Huber. Sein literarischer Vater ist der Wiener Autor Robert Weil, der unter dem Pseudonym »Homunculus« die »Lustigen Seiten« der Tageszeitungen belebte. Später, im Radiokabarett »Watschenmann«, hat der mit Orthografie und Grammatik auf Kriegsfuß stehende Poldi mit dem stereotypen Auftakt der Brief-Anrede »Lieber Fraaanzi …« auch in der Zweiten Republik seine Wiedergeburt als stehende Figur gefeiert.
Bisweilen entdeckt der Poldi seine poetische Ader, vor allem wenn ihn karitative Gefühle beschleichen; dann sinniert er – nicht ohne den pragmatischen Grundzug der Nächstenliebe aus den Augen zu verlieren:

Wenn du eine Wohltat übst
Und den Armen etwas gipst,
Schrei es über Land und Meer,
Freund, dann wirst du bopulär.

Aber eines muss dem Poldi Huber der Neid lassen – die Gedanken, die er sich über den Ausgang des Ersten Weltkrieges gemacht hat, die haben einiges für sich:

Ein Mordstrummkrieg hat hasserfüllt
Sich zwischen Völkern angesponnen.
Die einen haben ihn verspült,
Die andarn haben ihn gewonnen.
Die waß gesiegt ham, die sint edel,
Die andarn kriegen eins am Schädel.

Manchmal klein-, manchmal großbürgerlich, aber immer auf der Höhe ihrer Zeit gaben sich die beiden stehenden Figuren des Wiener Montagsblatts »Der Morgen«, Bimpfl und Dimpfl, in ihren wöchentlichen Gesprächen zum »Blauen Montag«:

»Wo gengan 'S denn hin mit der Kanon, Herr Bimpfl?«
»Ich geh' mich mit ein'm politischen Gegner auseinandersetzen ...«

So wie sich in den gelehrten Phantasiegestalten der Perser und Chinesen die Weisheit von Jahrhunderten sammelt, so speichert sich in Graf Bobby das geistige Unvermögen vieler Generationen. Dennoch wäre es ein Missverständnis, ihn als verblödet oder degeneriert zu betrachten. Auch wird er nicht durch seine Bildungslücken zur Witzfigur, sondern durch seine Denkfehler. Da läuft er beispielsweise auf der Wiener Ringstraße seinem Freund, dem Grafen Rudi, in die Arme:

»Servus Rudi!«
»Servus Bobby ... Wieso gehst du mit einem Fuß auf dem Trottoir und mit dem anderen auf der Fahrbahn?«
»Na Gott sei Dank! Und ich hab' schon geglaubt, ich hink'.«

Bobby ist ein Denker; wie sollte er sonst Denkfehler machen! Und seine Gedanken sind gar nicht so unlogisch, sie sind nur – und darüber lachen wir – in der vorwissenschaftlichen Zeit stehen geblieben, wo noch in Bildern, Zeichen und Symbolen nachgedacht wurde. Wenn man davon sprach, jemanden habe »der Schlag getroffen«, dann sah man dieses Bild förmlich vor sich, wie ein Mensch unter dem Schlag von Gevatter Tod zusammenbricht. Sonst hätte man damals den einschlägigen Graf-Bobby-Witz gar nicht so komisch gefunden:

Gestern, in der Eisenbahn, ein vollbesetztes Abteil; auf einmal fällt mein Nachbar tot von der Bank herunter. Der Schlag hat ihn getroffen. Stell dir vor, bei dem Gedränge, wie leicht hätte der Schlag mich treffen können.

Neben Bobbys Unsinn dürfen wir uns behaglich fühlen. Zwar spüren wir unsere geistige Überlegenheit, doch geht diese nicht so weit, dass wir uns nicht in ihn hineinfühlen könnten. Auch wir denken an unseren eigenen Tod, wenn unseren Nachbarn der Schlag trifft, auch wir wissen so manche Telefonnummer nicht »so ganz genau«:

> *»Sag, Mucki, weißt du die Telefonnummer vom Rudi?«, fragt Bobby. Mucki verneint. »No geh, denk nach, so ungefähr wenigstens, so ungefähr.«*

Stellt er sich am Ende nur so dumm, um seiner Umgebung das Leben zu erleichtern? Wie ja der Wiener überhaupt dazu neigt, weise als Beschränktheit zu tarnen, was in Wahrheit weise Selbstbeschränkung ist. Dieser Verdacht erhärtet sich in einer Episode, in der Bobby des Nachts von einem Telefonanruf aus dem Schlaf geweckt wird. Der Anrufer entschuldigt sich erschrocken, als er merkt, dass er falsch verbunden ist. Da tröstet ihn der höfliche Weltmann:

> *»Aber das macht doch nichts. Sehen Sie, ich hätte ohnehin aufstehen müssen ... das Telefon hat geläutet ...«*

Graf Bobby und Graf Rudi sind nicht rein österreichischen Ursprungs. Ihr Stammbaum geht auf zwei ungarische Magnaten zurück, Graf Attila und Graf Miklós. Diese beiden waren allerdings weit zotiger und derber als ihre späteren österreichischen Nachfahren:

> *Es wäre hoch an der Zeit, dass Graf Attila seinen Sohn endlich aufkläre, meint Freund Miklós. »Ja, aber wie?«, fragt Attila. »Ganz einfach«, rät Miklós, »nimm doch einfach das Gleichnis von den Bienen und den Blumen ...«*
> *»Also hör mal zu, mein Sohn«, sagt Attila bald darauf zu seinem Sprössling, »du erinnerst dich an den Jahrmarkt vom letzten Sonntag. Da sind wir doch auf dem Rückweg diesen beiden Zigeunerinnen begegnet. Und das, was wir mit denen*

getrieben haben, das treiben auch die Bienen mit den Blumen …«

Im Vergleich zu der derb polternden Art, in der Attila mit der Tür ins Haus fällt, ist der Witz des vornehmen Bobby schon von der subtileren Sorte.

An der Tür des Irrenhauses läutet es stürmisch: »Lassen Sie mich sofort hinein, ich bin plötzlich verrückt geworden.« Bobby als Pförtner schüttelt den Kopf: »Wie, momentan wollen Sie närrisch geworden sein? Sie sind wohl nicht bei Trost!«

In seinem Essay über die wahre Natur des Grafen Bobby zieht der Salzburger Literat Erik G. Wickenburg das bemerkenswerte Resümee:

So wie sich Bobby immer ein wenig selbst zuschaut, so betrachtet sich der Österreicher selbst bei seinem sinnlosen Tun. Ohne eine höhere Gelöstheit wäre eine solche Lösung der Spannung nicht zu erzielen. Nicht die Gewalt der Spannung ist das Ausschlaggebende, sondern die Kraft der Gelöstheit. Dieser Witz ist keine Bombe, die platzt, sondern das Federn eines Degens.

Diese »Kraft der Gelöstheit« zeigte sich nicht zuletzt in der Blütezeit der Wien-Film-Ära, die sich zu einer Art Naturschutzpark für den »echten Wiener vom guten alten Schlag« entwickelte. Das war die große Zeit von Paul Hörbiger und Hans Moser, die als vielbejubelte Volksschauspieler des eben erfundenen Tonfilms eine bereits im Aussterben begriffene Bürger-Typologie verkörperten: Hörbiger den liebenswürdigen Hallodri und seelisch ausgeglichenen Lebenskünstler mit leichtem Hang zur großbürgerlichen Eleganz. Sogar dort, wo er Oberkellner oder Hotelportier darstellte, war Paul Hörbiger die leibhaftige Erinnerung an den diskreten Charme einer Bourgeoisie, die schon bessere Zeiten erlebt hatte. Wie anders hingegen Hans Moser mit seinem kleinbürgerlichen Habitus, geprägt vom Existenzkampf der sozial Schwachen. Sein Bewunderer Anton Kuh überschlägt sich förmlich in feuilletonistischen Superlativen:

> *Er ist der mürrische Lohnnehmer von 1928 … breitspurig und schüchtern zugleich, offensiv und demütig … Mit der Hand, die er zum Trinkgeldempfang hinstreckt, möchte er am liebsten Maulschellen austeilen. Ein jesuitisches Gemisch aus Grobheit und Vertraulichkeit …*

Gegen Ende der fünfziger Jahre wird Opas Kino schließlich nach und nach vom neuen Zaubermedium Fernsehen abgelöst. Die Filmstars Moser und Hörbiger gelten nicht mehr als zeitgemäß, wohl aber die Fernsehfamilie Leitner als neue Kleinbürgeridylle der Wiederaufbaugeneration. Die kleine Welt ist wieder heil und intakt – exemplarische Fälle des Generationskonflikts werden in der Art gelöst, dass die ältere Generation der jüngeren bei ihren ersten Bewährungsproben Lebenshilfe gewährt; und dies auf durchaus komische und erheiternde Art.
Dann dauert es bis Mitte der siebziger Jahre, bis wieder eine witzige Milieustudie Fernsehgeschichte macht: »Ein echter Wiener geht nicht unter«. Karl Merkatz, ein gelernter Kunsttischler, der erst in reifen Jahren zur Schauspielerei stößt, spielt den Mundl recte Edmund Sackbauer, einen Wiener, wie man ihn vor allem in den Bundesländern als »typisch« betrachtet: Er poltert, raunzt und trinkt, tyrannisiert seine Familie, macht einen Unsinn nach dem anderen und möchte am Ende immer Recht behalten. »Na eh kloar« ist sein stereotypes Statement, denn er hat ein unerschütterliches Vertrauen in seine Verstandeskräfte, die sich über die Probleme des Lebens ein endgültig abschließendes Urteil gebildet haben, das keinen Widerspruch mehr duldet. Als die heiß umstrittene Serie in den Jahren 1987 und 1988 wiederholt wird, erreicht sie hervorragende Einschaltquoten. Bei der ersten Ausstrahlung in den siebziger Jahren hatte es noch herbe Kritik gesetzt. Viele Zuschauer stießen sich an Mundls windigem Charakter – vor allem aber an seinem

extremen Slang – und wollten darin nicht mehr erblicken als ein hässliches Zerrbild des Wieners. In Wahrheit aber ist Edmund Sackbauer ein Kasperl unserer Zeit. Nicht mehr und nicht weniger.

Kasperl und Hanswurst kamen auch von unten und wussten sich durchzusetzen. Aber nicht mit den heldischen Kampfmethoden der Edelmenschen, sondern auf vitale, plebejische Art: naiv, aber gerieben, keck, aber im Grunde feig, kraftvoll bis zur Brutalität und voll von (volkstümlichen) Vorurteilen. Darin besteht ja das Geheimnis seiner Unbesiegbarkeit: »Den Wurstl kann keiner erschlag'n.«

Eher erschlägt er die anderen.

So ein Theater

Die ganze Stadt ist Bühne

In den meisten Bühnenstücken
fußt der Dialog auf der falschen Annahme,
dass die Menschen einander ausreden lassen.
Wo gibt es das im Leben?
ALFRED POLGAR

Kaum eine andere europäische Großstadt verfügt über eine derart breit gefächerte Theaterlandschaft, die vielen Wienern ihre Welt bedeutet und eine ungewöhnlich wichtige Rolle in ihrem Leben spielt. Schauspieler und Sänger, Theater- und Operndirektoren waren und sind in Wien populärer als in anderen Metropolen. Allein die Schließung einer Bühne aus wirtschaftlichen Gründen auch nur anzudenken, hieße in dieser Stadt, politischen Selbstmord zu begehen.

> *Das Theater ist eine Jahrtausendalte Perversität, in die die Menschheit vernarrt ist.*
> THOMAS BERNHARD

Die Frage, warum gerade der Wiener ins Theater ganz besonders vernarrt ist, ist gar nicht so schwer zu beantworten: Enttäuscht von der Geschichte, von Monarchen, politischen Führern und Scharlatanen aller Couleurs, von Lüge, leeren Versprechen und zerbröckelten Ideologien, hat sich der Wiener in imaginierte Welten geradezu flüchten müssen, um eine Projektionsfläche für seine hart geprüfte Seele zu finden. Das Theater ist der Ort, wo er seiner historischen Wirklichkeit entkommen kann. Selber ein begabter Schauspieler, weiß der Wiener die Leistung eines Mimen hoch zu schätzen. Er weiß, wie schwer es ist, glaubwürdig in die Rolle einer anderen Figur zu schlüpfen und welch harte Arbeit es bedeutet, jemanden zum Lachen oder zum Weinen zu bringen.

> *Das Theater ist das schönste und älteste Lügengewerbe der Welt. Ein wunderbarer Zauberkasten: Es zeigt wirklich, was in Wirklichkeit nicht ist. Hamlet stirbt und geht anschließend Spaghetti essen.*
> Gustav Seibt

Der Wiener liebt das Theater, weil er dort für die Dauer einer Vorstellung Pause vom Leben machen kann. Er ist nicht verantwortlich für das, was er sieht und hört. Den Text hat ein anderer geschrieben, das Bühnenbild ist nicht von ihm, er ist endlich einmal nicht involviert. Und – ganz wichtig: Ausgebuht kann er auch nicht werden. Er kann seiner Lieblingsbeschäftigung nachgehen: Zuschauen! Dass Zuschauen jedoch nicht immer gleichbedeutend mit Vergnügen ist und der Schlussapplaus nicht immer Begeisterung signalisieren will, sondern auch ein Zeichen der Erleichterung darüber sein kann, dass die Vorstellung endlich vorbei ist, hat Friedrich Torberg mit einem vernichtenden Satz markiert:

> *Der Applaus war enden wollend.*

Der Wiener ist im Grunde seiner Seele ein nie erwachsen werden wollendes Kind, dessen Grant und Launen oft provokativ gespielt sind und geradezu nach einer »Datchtel« (einem Kopfstück) schreien. Alles ist Bühne für ihn, solange es seiner Selbstdarstellung dienlich ist.

> *Die Kinder, die Kinder*
> *die Kinder sind immer aus Wien.*
> *Sie spielen:*
> *Schlittschuhläufer, Selbstmörder, Damenimitator,*
> *Milchkutscher, Klofrau und Invalid …*

Sie spielen:
... Schwimmlehrer, Diabolo, Onkel und Freundin,
Salzamt, Herr Doktor, Minister oder Kasperl ...

Sie spielen:
...Hausherr an der Bassena und Zwerg ...
Lackenspringen, Burgtheater, Plumpsack-geht-um ...

Messer – Schere – Gabel – Licht
Bis das letzte Spiel zerbricht.
Die Kinder sind immer aus Wien.
André Heller

Da es ziemlich anstrengend ist, tagtäglich aufs Neue »Leben zu spielen«, tut es dem Wiener zur Abwechslung manchmal ganz gut, sich von sich selber auszuruhen und andere für sich spielen zu lassen. Und welcher Ort eignet sich dafür besser als das Theater? Na gut, der Fußballplatz vielleicht, aber das ist eine andere Geschichte.

Das Theater ist der seligste Schlupfwinkel für diejenigen, die ihre Kindheit heimlich in die Tasche gesteckt und sich damit auf und davon gemacht haben, um bis an ihr Lebensende weiterzuspielen.
Max Reinhardt

Was sind Ferdinand Raimunds Zauberstücke anderes als Märchen für Kind gebliebene Erwachsene? Wer oder was sonst als das »ewige Kind im Mann« treibt die Protagonisten Hofmannsthals oder Schnitzlers voran, in ihrer unsteten Suche nach einem Spielzeug namens Liebe?
Besonders Raimund bediente die kindlich-verspielten Sehnsüchte der Menschen auf eine geniale Art, indem er alles, was im realen Leben nicht möglich ist, auf der Bühne möglich machte. Und nicht ganz ohne Grund haben sich gerade die Interpretationen des modernen Regietheaters ihre Zähne an diesen scheinbar »einfachen« Texten ausgebissen.

Raimund ist Shakespeare dividiert durch Palmkatzerln.
ANDRÉ HELLER

Obwohl schon zu Lebzeiten erfolgreich und von Zeitgenossen wie Franz Grillparzer akklamiert, setzte Raimund, im Wahn von einem tollwütigen Hund gebissen worden zu sein, seinem Leben ein frühes Ende. Oft belächelt und ob seiner naiven Phantasie unterschätzt, fand er aber auch noch Jahrzehnte nach seinem Tod leidenschaftliche Anhänger:

Grillparzers Bemerkung über Raimund, er wäre, hätte er Bildung gehabt, ein zweiter Shakespeare geworden, ist nur als Huldigung wahr. Er wäre dann nämlich nicht einmal Raimund geworden. Vielleicht aber Grillparzer.
ANTON KUH

Das Theater als Spielwiese der Lust (auch der Lust am Verstellen), des Nachdenkens und der Phantasie, wohin es sich letztendlich ja auch entwickelt hat, ist dem Wiener als solches gar nicht so sehr bewusst. Für ihn ist es eine Institution, die ihm ein ehrenvolles »Time-Out« vom Alltag ermöglicht, ihm Identifikations-Modelle für Liebe, Hass und Wahnsinn – die drei Grundsäulen des Theaters – bietet und die deswegen gefälligst auch gefördert werden soll. Noch dazu ist er sich durchaus bewusst, dass er in der »Theaterhauptstadt von Europa« lebt. Und auch wenn er selbst nur zweimal im Jahr ins Theater geht, tut er geradeso, als würde er täglich darin übernachten. Dabei ist, wie sollte es auch anders sein, seine Beziehung zum Theater alles andere als konfliktfrei.
Der Durchschnitts-Wiener will im Theater unterhalten werden. Punkt. Er will nicht belehrt werden, er will sich nicht mit Problemen auseinandersetzen und schon gar nicht will er sich selbst in einer Figur wiederfinden oder gar einen Spiegel vors Gesicht gehalten bekommen.
So war beispielsweise Nestroys »Eine Wohnung ist zu vermieten« im Jahr 1837 schon deshalb kein Erfolg beschieden, weil

Hausherren und Hausbesorger, also ein wichtiger Teil des damaligen Theaterpublikums, ihr Abbild in dieser Posse einfach zu gut »getroffen« fanden, um es auch noch lustig finden zu können (ein vorweggenommener Herr-Karl-Effekt also).
Anlässlich einer szenischen Lesung zu Karl Kraus' »Die letzten Tage der Menschheit« notierte Friedrich Torberg Mitte der siebziger Jahre:

> *... konnte man gestern 600 Zuschauer dabei beobachten, wie sie sich, vom Autor und großartigen Schauspielern ertappt, frenetisch selber ausbuhten.*

Wenn sich das Anforderungsprofil des Wieners an sein Theater nach wie vor in die eher schlichten Kategorien »unterhaltend« oder »ernst« – also »U« oder »E« – einteilen lässt (und das tut es erstaunlicherweise noch immer), dann liegt es geradezu auf der Hand, dass es da öfter zu Kollisionen zwischen alten Abonnement-Inhabern und neuen Spielplänen kommen muss. Reibungsflächen erzeugen Funken, Funken entfachen Feuer, Feuer kann erwärmen oder verbrennen.

> *Ein Theater, des net brennt, is a Bedürfnisanstalt für Bedürfnislose.*
> WOLFGANG BAUER

Wenn der Wiener über sein Theater jammert, dann jammert er auf sehr hohem Niveau. Theaterautoren, die vor gar nicht so vielen Jahren noch als Volksverhetzer für Skandale sorgten und das Wiener Bildungsbürgertum in Angst und Schrecken versetzten, sind inzwischen entweder ruhmreich verstorben oder schon zu Lebzeiten zu Klassikern geworden.
Indem der Wiener aus Prinzip gegen alles Neue erst einmal wettert und schimpft, vor allem gegen einen Eindringling, der es als Inhaber eines ausländischen Passes wagt, die Leitung seiner Haus- und Hofbühne zu übernehmen, sorgte er in den achtziger Jahren, ohne es zu wollen, dafür, dass die Theaterhauptstadt Wien dennoch im Gespräch blieb.

In keiner anderen Metropole wäre es denkbar, dass aufgebrachte Bürger noch im 20. Jahrhundert einen Misthaufen vor die Tore ihres heiligsten Theatertempels schaufeln, ehe sie überhaupt wissen können, was in dem Stück tatsächlich passieren würde. Wenige, kurze Textzeilen, gezielt der Presse zugespielt, genügten damals, um den Wiener in Rage zu bringen.
Das wäre heute nicht mehr möglich, – obwohl: Wer weiß das schon so genau? Die Akzeptanz auch von Stücken, die keine Schenkelklopfer sind, ist jedenfalls größer geworden, der Unterschied zwischen »U« und »E« kleiner und die Zeiten der Skandale haben immerhin bewirkt, dass der Wiener aufgeklärter und toleranter mit seinen Theatern und vor allem vorsichtiger mit seinen Vorurteilen umgeht.
Das ist die eine Seite der Medaille. Und nun zur anderen, weniger erfreulichen.
Schon Anfang der achtziger Jahre beklagte sich der Volksschauspieler Walter Langer zu vorgerückter Stammtischstunde über einen deutschen Regisseur, der gerade im Begriff sei, sich an einem Nestroy-Stück aufs Schwerste zu vergehen: »Stellt's euch vor, der hat doch tatsächlich die Stell', wo ich sagen soll: Wer tun Sie sein? gestrichen, und anstatt dessen heißt's jetzt: Wer sind Sie?«
Zwischen diesen Wendungen liegen tatsächlich Welten, die man einem Wiener nicht erst erklären muss, denn er ist mit zwei Sprachen und damit auch mit zwei Denkungsarten aufgewachsen – einer eigenen und einer fremden. Und gerade in dem geschraubten »Wer tun Sie sein?« zeigt sich der unbeholfene Annäherungsversuch an das Hochdeutsche, dessen sich der Durchschnitts-Wiener nur dann befleißigt, wenn ihm etwas fremd oder unheimlich ist oder ihm zumindest Respekt einflößt. Das Verständnis dafür wäre auch einem deutschen Theatermann zuzutrauen. Vorausgesetzt allerdings, dass er sich darum bemüht. Wenn er aber mit der Wiener Art des Denkens, Fühlens und Sprechens a priori auf Kriegsfuß steht (und womöglich auch noch stolz darauf ist), dann sind den Missverständnissen und seelischen Verstimmungen Tür und Tor geöffnet. So hat

zum Beispiel Claus Peymann nie einen Hehl daraus gemacht, dass ihm alles Wienerische aus tiefster Seele zuwider ist und ihm nahezu körperliche Schmerzen bereitet. Geschickt mit dem latent sadomasochistischen Zug der Wiener spielend, hat er seinen diesbezüglichen Widerwillen auch noch öffentlich zur Schau gestellt.

Legendär und inzwischen schon Geschichte ist der Streit, den Fritz Muliar, der einer der letzten großen Volksschauspieler war, mit dem von ihm nur wenig geschätzten Burgherren der Jahre 1986 bis 1999 ausgefochten hat. Und das auch noch zu einer Zeit, als Peymanns »Fremdherrschaft« schon längst Geschichte war. In seinen Memoiren, die Muliar in seinem Todesjahr 2009 unter dem Titel »Denk ich an Österreich« herausbrachte, führte er Klage darüber, dass das Burgtheater kein österreichisches Theater mehr sei. Es habe seine ureigene Identität verloren und sei heute auch nichts anderes als ein »besseres deutsches Provinztheater«.
Der solcher Art Gescholtene hatte Muliar kurz zuvor in seinem Buch »Peymann von A–Z« mit einem beleidigenden Passus provoziert:

> *Diese folkloristische Idiotie, die solche hundertprozentigen Volltrottel wie den Schauspieler Fritz Muliar kennzeichnet, ist absurd, wenn auch schon wieder komisch.*

Dieser konterte darauf, es sei typisch für Peymann, der offensichtlich all die Jahre in Wien nichts dazugelernt habe, wenn er Muliars Liebe zum Theater mit »folkloristischer Idiotie« gleichsetze:

> *Seine Äußerungen, jetzt müssen alte Zöpfe abgeschnitten werden, oder »es wienere ihm zu stark«, tragen wenig dazu bei, für ihn Sympathien entwickeln zu können.*

Man muss Claus Peymann allerdings zugutehalten, dass die Ent-Österreicherung des österreichischen Nationaltheaters erst nach seinem Ausscheiden finalisiert wurde. Unter ihm waren die heimischen Mitglieder des Burgtheater-Ensembles – sofern sie überhaupt bereit dazu waren – noch häufig und in guten Rollen zu sehen. Erst zehn Jahre nach Peymanns Abgang konnten die Conférenciers der jährlichen Nestroy-Gala zur Verleihung des großen österreichischen Theaterpreises eine viel belachte Spitze gegen das traditionsreiche Haus am Ring anbringen:

> *Zehn Jahre Nestroy-Gala sind untrennbar verbunden mit den 10 Jahren der Direktion Klaus Bachler. Er heißt mittlerweile Nikolaus ist seit Beginn der Spielzeit 2009/2010 gar nicht mehr Burgtheater-Direktor. Wir verdanken ihm wunderschöne Abende im Burgtheater. Zum Beispiel die Live-Übertragung des Spiels Österreich-Deutschland während der Fußball EM. Das war geradezu berührend. Wann hat man zuletzt elf Österreicher zusammen auf der Bühne des Burgtheaters gesehen?*

Die Frage, ob »die Burg« ein deutsches Bildungstheater oder ein österreichisches Schauspielertheater sein sollte, ist so alt wie das Burgtheater selbst. Schon Franz Grillparzer, obschon selbst ein deutschsprachig-österreichischer Klassiker (und mehr als das: ein Vorreiter des modernen psychologischen Dramas), hat anlässlich der Uraufführung von Ferdinand Raimunds »Alpenkönig und Menschenfeind« die Wiener Auffassung vom Theater in die bis heute gültigen Worte gefasst, derzufolge …

> *… nicht in der Idee die Aufgabe der Kunst liegt, sondern in der Belebung der Ideen, weil die Poesie Wesen und Anschauungen will, nicht abgeschattete Begriffe, und ein lebendiger Zeisig mehr wert ist als ein ausgestopfter Riesengeier oder Steinadler.*

Schon Raimunds »gefesselte Phantasie« nahm die sogenannte Bildungspoesie aufs Korn: die unechte, gezierte Sprache der Hofdichter, die Großmäuligkeit der selbsternannten Fachleute und die Windschlüpfrigkeit der Karrieristen. Die bösen Zauberschwestern versinnbildlichen den Größenwahn der Obrigkeit, die die Phantasie fesseln, um das Kulturleben für sich dienstbar zu machen. Der von allen geschmähte Harfenist aber ist der einzige wahrhafte und lebendige Charakter unter den mehr Tot-als-Lebendigen. Und sein Lied, über das sich alle lustig machen, hat einen weit höheren poetischen Wert als das geschniegelte Gedicht, mit dem der als Hirte verkleidete Königssohn die Königin gewinnt. »Gelehrsamkeit verfasset kein Gedicht« – ist der Kernsatz dieses Stücks und zielt auf das Hofburgtheater. Dort mussten noch einige Jahrzehnte vergehen, ehe die Stücke der Vorstadt-Theatergiganten Raimund und Nestroy in den Spielplan aufgenommen wurden. Ein theaterhistorischer Meilenstein, denn damit wurde ein Schritt vollzogen, der für das Theaterverständnis des 20. Jahrhunderts charakteristisch werden sollte: Die Verbindung des Bildungs- oder literarischen Theaters mit dem Komödiantentheater. Und das in einer Stadt, wo man die Schauspieler im Volksmund »Kasperln« nennt, ganz egal, ob sie dem heiteren oder dem tragischen Fach zuzurechnen sind.

Bezeichnend ist auch die Art, in der Hermann Bahr im Jahr 1920 in einem kurz »Burgtheater« betitelten Essay mit dem Schriftsteller Joseph von Sonnenfels abrechnet, der Ende des 18. Jahrhunderts eine »Wiener Schaubühne« verlangt hatte, die als »gereinigtes Theater« zu einer »Sittenschule« werden sollte:

> *Mit ihm [Sonnenfels] wandert in Österreich ein, was sich seitdem »Bildung« nennt. Die Wendung ist falsch, »Entbildung« wäre richtig. Denn alles Bild, wovon unsere Kultur, innerlich und äußerlich überall so voll war, soll gerade durch diese »Bildung« zunichte gemacht werden … ja die ganze sinnliche Welt, der Mensch selbst, der ihnen [den Bildungs-Ideologen] zur Abstraktion verblasst ist, soll abgesetzt und durch das Wort ersetzt werden.*

Es ist anzunehmen, das Hermann Bahr damit in Wahrheit einen Zeitgenossen meinte – den Sprachpuristen Karl Kraus. Der hochverdiente Freiherr von Sonnenfels (er hatte die Abschaffung der Folter bewirkt, zum Dank dafür ist noch heute eine Gasse in der Wiener Innenstadt nach ihm benannt) war zu diesem Zeitpunkt schon mehr als hundert Jahre lang tot. In einem hat Sonnenfels tatsächlich seinen Anteil an der Entwicklung des österreichischen Schauspielertheaters. Denn auch er hätte den Hanswurst am liebsten für immer beseitigt, so wie das in Deutschland tatsächlich passiert ist. Dort wurde der volkstümliche Spaßmacher auf offener Bühne verbrannt. In Wien konnte der Hanswurst nicht verbrannt, sondern nur verbannt werden – in die Vorstadt, wo sich infolge dessen nach und nach ein ureigenes Wiener Volkstheater entwickeln konnte. In Deutschland aber hat sich das Ideal von der allein selig machenden Bildungsliteratur durchgesetzt, der ein Mann wie Erich Kästner später nicht ganz unberechtigt »vorsätzliche Humorlosigkeit« vorwarf:

> *Von der heiteren Kunst, dem höchsten Kleinod der Zweibeiner, sprechen die deutschen Dichter und Denker und vor allem die Hinterdreindenker allenfalls am 29. Februar. Sie nehmen nur den Ernst ernst. Die deutsche Literatur ist einäugig. Das lachende Auge fehlt.*

In dieselbe Kerbe schlägt heute der Burgtheater Doyen Michael Heltau, wenn er sich über die Entartungen des einst grandiosen Regietheaters beschwert:

> *... also – der Regisseur über allem und die Schauspieler seine Marionetten ... wenn Theater Unterricht wird für die Zuschauer und vorher für die Schauspieler ... eine reine Katastrophe!*
> *Ich möchte mein Vergnügen haben im Theater – dieses Vergnügen möchte ich mitteilen und das Publikum möchte ich daran teilhaben lassen.*

Das offen auszusprechen erfordert heutzutage großen Mut. Denn wie im Reflex stellen die Meinungsmonopolisten des Theaterlebens jeden Dissidenten sofort in den Winkel des

Rückständigen, wenn nicht gar Reaktionären. Umso mehr ist die Courage zu bewundern, die der Bestsellerautor Daniel Kehlmann als Festredner bei der Eröffnung der Salzburger Festspiele im Jahr 2009 an den Tag legte, wohl wissend, dass er mit dem, was er dort von sich gab, in ein Wespennest sticht:

> *Spricht man mit Russen, mit Polen, mit Engländern oder Skandinaviern, die deutschsprachige Lande besuchen und hier ins Theater gehen, so sind sie oft ziemlich verwirrt. Was das denn solle, fragen sie, was denn hier los sei, warum das denn auf den Bühnen alles immer so ähnlich aussehe, ständig Videowände und Spaghettiessen, warum sei immer irgendwer mit irgendwas beschmiert, wozu all das Gezucke und routiniert hysterische Geschrei? Ob das denn staatlich vorgeschrieben sei?*

In seiner viel beachteten (und auch viel getadelten) Festansprache hat Kehlmann immer wieder Max Reinhardt zitiert. Der hatte in der Zwischenkriegszeit den damals hochmodernen Zeitströmungen wie zum Beispiel dem »Berliner Realismus« das lustbetonte Schauspiel entgegengesetzt, weil er der Meinung war:

> *Das Gelingen aller Theaterprogramme hängt in erster Linie von den Schauspielern ab.*

Aufklärendes oder lustbetontes Theater? Kopf oder Gefühl? Die Geschichte des Wiener Theaters ist das beste Beispiel dafür, dass das eine das andere nicht ausschließen muss, dass der richtige Zugang also nicht »entweder – oder« heißt, sondern »sowohl als auch«. Das Wort und der analytische Verstand sind ein wichtiger, aber nicht der einzige Schlüssel für die tieferen Geheimnisse eines Bühnenwerks. Mindestens so wichtig ist das Nicht-Gesagte: die drei Auslassungspunkte bei Schnitzler, das dramatische Schweigen bei Grillparzer und die Entlarvungstechnik bei Nestroy, die im Falle einer wohl verstandenen Inszenierung dem Publikum die Möglichkeit gibt, am Beispiel der

Bühnenfiguren die uneingestandenen Widersprüche zwischen Gesagtem und Gemeintem zu erkennen. Mit Gründlichkeit und Genauigkeit allein wird man den genannten österreichischen Theaterdichtern nicht gerecht werden. Gegenüber der »Theater-Arbeit«, von der jetzt so häufig die Rede ist, sollte wieder in Erinnerung gerufen werden, dass das Theater nicht nur Arbeit, sondern vor allem auch Spiel ist – also etwas, das schon immer eine Domäne der Wiener war.

Was ist nicht Spiel, das wir auf Erden treiben …
Es fließen ineinander Traum und Wachen,
Wahrheit und Lüge. Sicherheit ist nirgends.
Wir wissen nichts von andern, nichts von uns;
Wir spielen immer, wer es weiß, ist klug.
Arthur Schnitzler

Die Flucht vor dem Weibe

Die Sittengeschichte der Wiener Mädeln

Die echte Wienerin sieht das
»Feschsein« als Nationaltugend an.
Wunsch ist, fesch, fescher am feschesten zu scheinen.
Wenn ein Rekord an Feschheit erreicht scheint,
geht das Wienertum flöten.
ERICH FELDER

Als sich die Stadt Wien am Anfang der siebziger Jahre in Ausstellungen und Symposien dem Thema »die schöne Wienerin« zu widmen begann, ließ der Literaturpapst Hans Weigel in seinem Impulsreferat erkennen, wie schwer sogar er, der sonst nie um passende Worte verlegen war, sich mit diesem Thema tat. Er kenne so viele junge Mädchen im heutigen Wien, aber – so meinte er – das süße, lustige, unbeschwerte Mädel, das ihm der Film und die Operette versprochen haben, hätte er in jüngster Zeit vergeblich gesucht. Daraus zog er den Schluss, dass das echte Wiener Mädel vermutlich niemals so süß gewesen sei, wie uns das die hymnischen Frauenbilder aus der Zeit des Wiener Kongresses weismachen wollen. Damals hatte ein legendärer Kavalier, der Fürst von Ligne, ein Loblied auf die Wienerin vom Stapel gelassen, dessen Echo noch über Generationen weitergegeben wurde:

> *Es gibt keinen weiblichen Schlag auf der Erde, in dem sich Feinsinn, Klugheit und fraulicher Reiz so glücklich vereint finden, wie bei der Wienerin.*

Noch hundert Jahre später hat das Wiener Dichter-Original Peter Altenberg dies süßliche Frauenklischee auf ähnliche Art verherrlicht:

Ich habe nie etwas anderes im Leben für wertvoll gehalten, als die Frauenschönheit, die Damengrazie, diese süße, kindliche! Und ich betrachte jedermann als einen schmählich Betrogenen, der einer anderen Sache auf dieser Welt irgendeinen Wert beilegte.

Das war am Anfang des 20. Jahrhunderts. Aber sieben Jahrzehnte später verkündete Hans Weigel in erwähntem Referat über »Die schöne Wienerin«, dass man das »süße Wiener Mädel« heute wohl vergeblich suchen werde. Von diesem würde sich das moderne junge Mädchen aus Wien doch sehr grundsätzlich unterscheiden:

Wie sehr hat man den Eindruck, dass im Leben des heutigen Mädchens nicht mehr die Beziehung zum Mann eine übergroße verderbliche Rolle spielt.
Wie großartig kann dieses Wiener Mädel sein Leben gestalten, wie würdig, wie unwehleidig!

Bis dahin war es freilich ein weiter Weg. Wenn man sowohl das Leben wie auch das Werk des Arthur Schnitzler besieht, hatte die Rolle, auf die das »süße Mädel« reduziert war, keine ermutigenden Perspektiven. Das viel beschriebene »Mädel aus der Vorstadt« hatte – belastet mit der Bürde seiner sozialen Herkunft – meistens nur die traurige Wahl zwischen Not und Elend: entweder von vornherein auf die Liebe zu pfeifen, gleich unglücklich zu heiraten und damit wenigstens ausgesorgt zu haben. Oder sich unglücklich in den Falschen zu verlieben und wahrscheinlich sitzen gelassen zu werden. Also jenes tragische Schicksal zu erleiden, das der berühmte Arthur Schnitzler seinen Vorstadt-Amouren vom Schlage der kleinen Näherin Jeanette Heger bereitet hat, um sich durch diese Erlebnisse auch noch zu seinem nächsten Theaterstück inspirieren zu lassen.

Prototyp einer Wienerin: Reizende Gestalt, geschaffen zum Tanzen, ein Mündchen geschaffen zum Küssen – ein Paar glänzende lebhafte Augen. Kleidung von einfachem Ge-

schmack und dem gewissen Grisettentypus – der Gang hin und her wiegend – leicht und unbefangen – die Stimme hell – die Sprache in natürlichem Dialekt vibrierend; was sie spricht – nur so, wie sie eben sprechen kann, ja muss, das heißt lebenslustig, mit einem leisen Anklang von Übereiligkeit. Man ist nur einmal jung, meint sie mit einem halb gleichgültigen Achselzucken. – Da gibt's nichts zu versäumen, denkt sie sich …

Allein durch die kleine Beifügung des scheinbar harmlosen Adjektivs »süß« erhöhte Schnitzler psychologisch einerseits die Fallhöhe der Figur und verdeutlichte andererseits ihre Ausgeliefertheit, Ohnmacht und Reduzierbarkeit auf das hilflose Objekt eines gesellschaftlich tolerierten Kavaliersdeliktes.

> *Zwei- bis dreimal wöchentlich kam Jeanette des Abends zu mir. … die Nacht verbrachte sie in meiner Spitalsstube, ließ sich auch im Schlaf nicht stören, wenn ich auf die Abteilung ging, meinen Dienst zu versehen, und es war mir eine rechte Lust, wenn ich gegen Mittag wiederkehrte, mein süßes Mädel, zu neuer Zärtlichkeit bereit, auf den zerwühlten Polstern wieder zu finden. In der Rückerinnerung eines solchen Morgens war es, dass ich dieses Schmeichelwort vom süßen Mädel zum ersten Mal in mein Tagebuch schrieb, ohne zu ahnen, dass es bestimmt war, einmal gewissermaßen literarisch zu werden.*
>
> Arthur Schnitzler, »Jugend in Wien«

Dieses »süße Mädel aus der Vorstadt« kam in figura auf der Bühne oft gar nicht vor, man redete über »es« in der dritten Person, so wie man über seine Träume und Sehnsüchte redet, die man nur selten personalisieren kann oder will.
Kaum ein anderer Theatertext vermag die soziale Bandbreite von Liebesbeziehungen beiläufiger und dennoch abgründig deutlicher zu beschreiben wie der folgende berühmte Dialog aus Schnitzlers »Weihnachteinkäufe«:

Anatol: Dort in der … »kleinen Welt« gibt's ja keine speziellen Fälle. Eigentlich auch in der großen nicht … Ihr seid alle so typisch!
Gabriele: Mein Herr! Nun fangen Sie an …
Anatol: Es ist ja nichts Beleidigendes, durchaus nicht – Ich bin ja auch ein Typus!
Gabriele: Und was für einer denn?
Anatol: Leichtsinniger Melancholiker!
Gabriele: Und … und ich?
Anatol: Sie? – Ganz einfach: Mondaine!
Gabriele: So – … und sie!?
Anatol: Sie … ? sie …, das süße Mädl!
Gabriele: Süß? Gleich »süß«? Und ich … die »Mondaine«.
Anatol: Böse Mondaine – wenn Sie durchaus wollen …
Gabriele: Also … . erzählen Sie mir endlich von dem … süßen Mädl!
Anatol: Sie ist nicht faszinierend schön, sie ist nicht besonders elegant – und sie ist durchaus nicht geistreich …
Gabriele: Ich will ja nicht wissen, was sie nicht ist –
Anatol: Aber sie hat die weiche Anmut eines Frühlingsabends … und die Grazie einer verzauberten Prinzessin … und den Geist eines Mädchens, das zu lieben weiß!
Gabriele: Diese Art von Geist soll ja sehr verbreitet sein … in ihrer kleinen Welt! –
Anatol: Sie können sich da nicht hineindenken! … Man hat Ihnen zu viel verschwiegen, als Sie ein junges Mädchen waren – und hat Ihnen zu viel gesagt, seit Sie eine junge Frau sind! Darunter leidet die Naivität Ihrer Betrachtungen.

Die »Naivität der Betrachtungen«, die der Mann dem »süßen Wiener Mädel« zuschreibt, soll Distanz schaffen zwischen dem Kavalier und seinem »Vorstadtpanscherl«, mit dem er sich einlassen konnte, um sie eines Tages nach Belieben und möglichst ohne Komplikationen wieder dort zurückzulassen, wo er sie aufgelesen hatte.

Die berühmten Wiener Mädel waren nicht so … Hatte man mit einer von Ihnen ein so genanntes Verhältnis, wurde man der ganzen Familie vorgestellt … Zu Weihnachten wurde man eingeladen. Kam ein Kind, regte man sich nicht allzu sehr auf. Es waren Alimente zu zahlen, und das Kleine bekam einen gesetzlichen Vormund. Diese Mädel mit den ungepuderten Nasen waren süß, lustig und selbstlos … Musste man Abschied nehmen, gab es Traurigkeit, aber keine Vorwürfe!

Daniel Varé

Wie bequem! Der Mann durfte sich sicher fühlen, dass ihm seine »Gastspiele beim schöneren Geschlecht« zwar etwas kosten, aber wenigstens keine nachhaltigen Unannehmlichkeiten bereiten würden. Und so beschreibt auch Arthur Schnitzler das Ende der Liaison mit seiner Kunststickerin aus der Vorstadt mit den nüchternen Worten eines Doktors der Medizin unter dem Motto »Wenn die Liebe stirbt«:

Mitleid, Bequemlichkeit, Gewohnheit, nicht Liebe hielten mich bei Jeanetten fest. Noch gab es zuweilen Stunden, da wir uns in erinnerungsheißer Lust an- und ineinander drängten, doch beide fühlten wir, dass es zu Ende ging; und wie es dem Arzt geziemt, stellte ich in meinem Tagebuch fest, dass die Agonie begonnen habe.

Der Kavalier wusste es durchaus zu schätzen, dass er das »süße Ding« verkosten konnte, ohne dass es einen bitteren Nachgeschmack verursachen würde. Oder, um einen anderen, früher sehr beliebten Vergleich zu bemühen: Der »Engel« sollte aus zartem Porzellan sein, womöglich aber unzerbrechlich.

Der harmlose Porzellanengel mit dem rosigen Lächeln ist weder harmlos noch zerbrechlich, doch will er sein Geheimnis bewahren. Das Lächeln ist des Engels Pflicht, und wer will schon wissen, warum ein Porzellanengel lächelt …

György Sebestyén

Auf ähnliche Weise sagt uns das ja schon ein alter Schlagerrefrain: »Jede Frau hat ein süßes Geheimnis.« Welches, das will der galante Kavalier gar nicht so genau wissen. Aber dass die Frau eines hat, das findet er spannend. Denn er ist so geartet, dass ihm auf Dauer nicht das fasziniert, was sie ihm zu enthüllen bereit ist, vielmehr das, was sie ihm zu verbergen scheint. In diesem Sinne ließ sich auch der »Frauenfreund« Peter Altenberg in die männlich verängstigte Seele blicken:

Eine angezogene Frau hasse ich wegen ihrer Kompliziertheit und eine ausgezogene wegen ihrer Primitivität.

Nicht weniger nackenhaarsträubend sind die vorurteilsbehafteten Zitate, die ein Dichter- und Denkergenie von Range eines Karl Kraus abgesondert hat. Hier nur drei kleine Kostproben:

Man kann eine Frau nicht hoch genug überschätzen.

Die Frauen sind die besten, mit denen man am wenigsten spricht.

Mit Frauen führe ich gern einen Monolog. Aber die Zwiesprache mit mir selbst ist anregender.

Hier zeigt sich in Reinkultur, was ein Psychoanalytiker in den fünfziger Jahren »die Flucht vor dem Weibe« genannt hat: Die Projektion männlicher Ängste vor einer potenziellen Überlegenheit der Frau und die damit verbundenen Machtspiele. Die kann man auch am biographischen Beispiel der österreichischen Theaterklassiker exemplarisch studieren. Es war nicht zuletzt der große theatralische Frauenkenner Franz Grillparzer, dem es im wirklichen Leben an Einfühlungsvermögen in die weibliche Psyche mangelte. Er liebte die Frauen nämlich nicht so, wie sie sind, beziehungsweise waren, sondern so, wie er sie sich zurecht geträumt hatte.
Dementsprechend war auch seine Beziehung zu seiner »ewigen Braut« Kathi Fröhlich von einer geradezu grausamen männlichen Selbstsucht geprägt. Die Fröhlich war froh, dass sie ihren

»Grüllpatzer« hatte, wenn auch nur zu den Bedingungen, die er ihr diktierte. Und weil Kathis Liebe seinen Herzenspanzer nicht wirklich durchdringen konnte, resümierte er, teils sachlich, teils poetisch:

Wir glühten, aber ach, wir schmolzen nicht.

Im Mai 1826 vermerkte er in seinem Tagebuch:

Am Ende war es doch mein grillenhaft beobachteter Vorsatz, das Mädchen nicht zu genießen … denn es war kein eigentlich tugendhafter Entschluss, er war erzeugt durch ein vielleicht bloß ästhetisches künstlerisches Wohlgefallen an des Mädchen Reinheit, was mich zurückhielt …

Gleichzeitig tyrannisierte er sie und quälte sie unablässig mit seiner Eifersucht – wenn er selbst sie schon nicht haben wollte, so sollte sie auch kein anderer haben.
Illusionsloser und nüchterner, aber ebenfalls alles andere als ungestört war Nestroys Beziehung zu den Frauen. Seine Wilhelmine, die er jung gefreit hatte, machte sich eines Tages mit ihrem Liebhaber, einem gräflichen Lebemann, bei Nacht und Nebel davon und ließ ihren Mann mit einem dreijährigen Sohn sitzen, was Nestroy in einer seiner Possen nicht ohne Bitterkeit kommentiert:

Frauen werden auch oft gestohlen; aber man merkt's nicht, denn sie gehen einem dabei immer im Haus herum. Einen anderen Diebstahl zeigt man an; bei den Frauenentwendungen blamiert man sich, wenn man ein G'schrei macht.

Was sollte er also tun? Als seelisch Verwundeter den geordneten Rückzug antreten? Diese Frage zieht sich durch Nestroys Werk, in dem der große Spötter und Skeptiker die Ehe immer wieder als tragische Fortsetzung der Liebeskomödie betrachtet.
Wie ein Betrogener sich selbst aus der Patsche hilft, verrät der Holzhacker Lorenz in der »Verhängnisvollen Faschingsnacht«:

Kleine Seelen lamentieren, hochherzige Männer nehmen sich eine andere, und die ganz großen Geister haben schon immer eine im Vorrat.

Nestroy hat zwar noch keine im Vorrat, aber er bleibt nicht lang allein. Zur Frau in seinem Leben wird die Bühnenpartnerin Marie Weiler, der er fortan die Treue hält – wenn auch nur im sozialen Sinn. Nach dem Motto einer seiner Possen, »heimliches Geld, heimliche Liebe«, verheimlicht er der Lebensgefährtin Teile seiner Gastspielgagen und legt sich ein eigenes Konto an, um seiner Spielleidenschaft frönen und heimliche Liebschaften finanzieren zu können. Possenhaft sind auch die daraus resultierenden Verwicklungen – da werden Deckadressen verwendet, Ablenkungsmanöver organisiert und Liebesnester eingerichtet. Briefe müssen verbrannt, auslaufende Verhältnisse mit Geld abgefertigt und sämtliche Spuren sorgfältig verwischt werden. Doch über alle erotischen Streifzüge hinaus erweist sich die Bindung an die Weiler als stark und beständig. Als Schlicht in »Mein Freund« bekennt Nestroy gleichsam autobiographisch:

Meine Schwärmerei war immer eine mühsam heraus-g'mauste Resignation, eine Melancholie mit Flinserln.

Das war nicht immer so. Am Beginn seiner dramatischen Laufbahn lag Nestroy noch ganz auf der Linie des Biedermeier-Ideals von harmonischer Zweisamkeit und stillem Glück. In seinem Jugenddrama »Prinz von Korsika« verkündete er noch das, was sein eigenes Eheschicksal ihm vorenthalten sollte:

Nicht auf der Größe Höhen blüht des Glückes Blume.
Ein stilles Tal erkor sie sich zum Heiligtume.
Ein treuer Freund, ein treues Weib, das ist das Glück.
Mir ward's zuteil, ich preise dankend mein Geschick.

Dieses exklusive Glück, das einem Mann mit einem »treuen Weib« widerfährt, spielt Nestroy später geradezu mit Wollust herab, wenn er etwa den Herrn von Ledig sagen lässt:

Bei der Lieb' is' das Schöne, man kann aufhören zu lieben, wenn's ein' nicht mehr g'freut, aber bei der Ehe! Das Bewusstsein, du musst jetzt all'weil verheirat' sein, schon das bringt einen um.

Nestroy wurde nicht müde, die Liebe gegen die Ehe auszuspielen, Erstere zu verherrlichen, Letztere zu verteufeln:

Ich hab' das Wort Treue ausgestrichen aus meinem Lexikon, aber das Wort Liebe dreitausendmal hineingesetzt.

Während Nestroy seine Volksstücke »zu ebener Erde« ansiedelte, schrieb Schnitzler seine tragischen Komödien »im ersten Stock«. Und obwohl beider Sprachstil und dramaturgische Strukturen unterschiedlicher nicht sein könnten, eint sie der unbedingte Wille, herkömmliche gesellschaftliche Ordnungen zu hinterfragen und an den Pranger zu stellen. Sie hatten, wenn auch aus unterschiedlicher Sichtweise, ein gemeinsames Feindbild, nämlich die Ehe. Die Übereinstimmung ihrer Ansichten ist verblüffend. Hier ein paar Beispiele:

In einem gewissen Stadium der Ehe muss eine Entscheidung getroffen werden: Entweder, dass der Gatte sich entschließt, zum Vater seiner bisherigen Gattin, oder, dass diese sich entschließt, zur Mutter ihres bisherigen Gatten zu werden.
ARTHUR SCHNITZLER

Im Mittelalter hat man ein Leben, reich an Taten und noch reicher an Untaten, unter anderem auch als Einsiedler abgebüßt. Jetzt hat man bloß die Zweisiedelei des Ehestandes, um Jugendtorheiten abzubüßen.
JOHANN NESTROY

Die Ehe ist die Schule der Einsamkeit. Aber man lernt genug in ihr.
ARTHUR SCHNITZLER

Vielleicht heirat' ich's doch noch; da muss aber in' Kontrakt hinein, dass ich's umbringen darf.
JOHANN NESTROY

Es ist noch nicht entschieden, was richtiger ist: seine Geliebte zu seiner Frau oder seine Frau zu seiner Geliebten zu machen.
ARTHUR SCHNITZLER

Im Vergleich zu den schlampigen Verhältnissen des Johann Nestroy und dem »Verhältnis« des Grillparzer mit Kathi Fröhlich, das im Grunde gar keines war, nimmt sich Ferdinand Raimunds Beziehung zu seiner Toni Wagner geradezu unkompliziert aus. Kaum, dass er seinen Ruhm als österreichischer Volkspoet gefestigt und durch seine Ernennung zum künstlerischen Direktor des Leopoldstädter Theaters auch ein sozusagen »bürgerliches« Fundament hatte, durfte Raimund mit seiner Geliebten sogar eine Wohnung im Haus ihrer Eltern beziehen. Aber als der junge Schauspieler Raimund noch als legitimer Schwiegersohn zu haben war, da hatte ihn Tonis Vater, der bürgerliche Kaffeesieder Wagner, als »nicht standesgemäß« abgelehnt. Der solcherart Verschmähte war daraufhin in eine andere Beziehung hineingeschlittert, die, obzwar ehelich, doch unglücklich und von kurzer Dauer sein sollte. Und am Schluss dieser verwickelten Geschichte musste sich Herr Ignaz Wagner damit abfinden, dass seine Tochter das Dauerverhältnis eines inzwischen gefeierten, aber anderweitig verheirateten Theaterdichters war. Und die Moral von der Geschicht': Es sind häufig die sittlich Selbstgerechten, die um der Tugend willen Unglück und »Sünde« provozieren.
Übrigens: Ihrem Porträt nach zu schließen, entsprach Toni Wagner von allen Künstler-Gefährtinnen des Vormärz noch am ehesten dem Typus des »süßen Wiener Mädels« – zartes Näschen, lebhafte Augen und Kussmund …
Später, im Fin de Siècle, lieferten die Schriften Sigmund Freuds reichlich Munition für Künstler, denen es um eine neue Be-

schreibung dessen ging, was die Frauen in der Vergangenheit an Verletzung, Kränkung und Gewalt am eigenen Leib als selbstverständlich hinnehmen mussten, jedoch aufgrund ihrer sozialen Situation oder ihrer »guten Erziehung« bis dahin nicht so nennen durften, wollten oder konnten.

Dank eines innovationshungrigen Reservoirs aus Künstlern und Intellektuellen, die endlich an dieser jahrhundertealten Schallmauer zu kratzen begannen, war der Wiener, der von Haus aus eher dazu neigt, Unbequemes schlicht zu ignorieren oder einfach unter den Teppich zu kehren, plötzlich mit der Tatsache konfrontiert, dass es neben ihm auch eine Wienerin gab, die noch dazu nicht unbedingt seinen gewohnten Projektionen entsprach. Sie ließ sich nicht mehr unwidersprochen auf gängige Typologien wie »Dame aus gutem Haus«, »Vorstadtmädel« oder »Prostituierte« reduzieren, auch wenn gerade Letztere allemal für einen kritischen Blick des Dichters auf die eigenen Schwächen gut waren:

> *Als Franz Molnár während einer längeren Abwesenheit aus Budapest zugetragen wurde, dass die Freundin, die er dort zurückgelassen hatte, ihn mit Krethi und Plethi hinterginge, replizierte er sieghaft: »Ja, aber umsonst! Für Geld – nur mit mir!«*
>
> FRIEDRICH TORBERG, »TANTE JOLESCH«

Das Auftauchen der Femme fatale um die Jahrhundertwende in Literatur, Malerei und Film kam nicht von ungefähr und brachte den Wiener eher ins Schwitzen als zum Nachdenken. In den Varietès, damals aus rechtlichen Gründen noch »Singspielhallen« genannt, waren in den zwanziger Jahren sogenannte »frivole Programme« der wahre Ticketseller. Dort standen meist attraktive und längst nicht mehr dem Manne untertänige Protagonistinnen im Rampenlicht.

Im »Apollo« oder im »Etablissement Ronacher« gaben die exotische Mata Hari oder die »Folies Bergère« ausverkaufte Gastspiele. Da standen halbnackte, durchaus selbstbewusste Frauen auf der Bühne, und die eine Hälfte Wiens stürmte die Vorstellungen, die andere wollte den »Leibhaftigen in Frauengestalt« gesehen haben. Während Frauen wie Alma Mahler-Werfel, die wohl größte Femme fatale im Wien des 20. Jahrhunderts, die künstlerische Männerwelt ihrer Zeit mehr als in Verwirrung versetzte, witzelte Karl Kraus – was Frauen betraf zwar nicht ganz kompetent:

> *Seiner ersten Geliebten trägt man keine Enttäuschung nach, wenn man sie in der Turnstunde kennen gelernt hat und es eine Kletterstange war.*

In Karl Schönherrs 1915 am Burgtheater uraufgeführtem Drama »Der Weibsteufel« tauchte zum ersten Mal, noch dazu in einem rabiaten Volkstheaterstück, plötzlich eine Rebellin auf. Von den konkurrierenden Männern zur Ware degradiert, erkennt die Protagonistin in ihrem Warenwert eine tödliche Waffe. Sie lernt, den ihr zugemessenen Wert zu steigern, einzusetzen und die Herren der Ökonomie am Ende mit ihren eigenen Mitteln zu schlagen. Ein aus heutiger Sicht fast visionäres Stück Volkstheater, das es als eines von wenigen bis in die Gegenwart geschafft hat, bühnenpräsent zu bleiben.

Ein letztes Mal noch sollte das »liebe Vorstadtmädel« Anfang der dreißiger Jahre in einer zentralen Rolle in Erscheinung treten, allerdings bereits als geschundene, ausgebeutete Seele. Ödön von Horváth demontierte in seinen »Geschichten aus dem Wienerwald« die doppelbödige »Wiener Gemütlichkeit« und demaskierte die Kleinbürgermentalität als trügerische Idylle. Wenn der Fleischhauer Oskar zu Marianne sagt »Meiner Liebe wirst du nicht entgehen«, dann kann man wohl zu Recht von einem der grauenhaftesten Sätze sprechen, der je für eine Bühnenfigur geschrieben wurde. Auch sonst ist dieses grandiose Horváth-Stück ein Pandemonium spießbürgerlicher Bestialitäten. Rund um das Opfer Marianne gibt es nur noch Zerstörer ihres Lebensglücks: hartherzig, grausam und böse. Eine Großmutter, die ihr ungeliebtes Enkelkind zu Tode kommen lässt.

Dann Oskar, Mariannes latent gewalttätiger Verehrer. Und nicht zuletzt Mariannes Vater, der Spielwarenhändler Zauberkönig, der für Anstand hält, was in Wahrheit blanker Egoismus ist. Und daher merkt er gar nicht, dass seine Moral wie ein Knüppel ist, mit der er seine eigene Tochter zum Schicksalskrüppel schlägt. Er verstößt sie, als sie seine standesgemäßen Verheiratungspläne mit dem Fleischhauer Oskar durchkreuzt. Und er findet sie wieder. Am Ende einer Sauftour, in einem Nachtlokal, wo Marianne in ihrer sozialen Ausweglosigkeit als Nackttänzerin auftritt. Zauberkönig ist nun nicht nur besoffen, sondern auch zutiefst betroffen. Und in der darauffolgenden Konfrontation mit seiner Tochter demaskiert er sich vollends als spießiges Scheusal.

> *Marianne: »Weißt doch auch, dass ich ein Kind hab'?«*
> *Zauberkönig: »Natürlich.«*
> *Marianne: »Es geht mir sehr schlecht, mir und dem kleinen Leopold …«*
> *Zauberkönig: »Was? Leopold? Der Leopold, das bin doch ich! Na das ist aber der Gipfel! Nennt ihre Schand' nach mir! Das auch noch! Schluss jetzt! Wer nicht hören will, muss fühlen! Schluss!«*

Horváth wollte den Begriff des Volksstücks erneuern und sozialkritisch verschärfen, indem er tragikomische Elemente und eine sprachliche Karikatur der Charaktere hinzufügte. Dies ist ihm zweifellos gelungen und eben deshalb erscheint es umso erstaunlicher, dass sich keine österreichischen Dichter von Rang fanden, die seinen Weg weitergingen.

Das zaghaft aufkeimende Selbstbewusstsein der Wienerin ging in den dreißiger und vierziger Jahren im Strudel der grauenvollen Ereignisse rasch wieder unter. Europa stand in Flammen. Und die Frauen, weit weg von den Hebeln der Macht, mussten vorerst tatenlos dem Irrsinn zusehen, ehe sie anschließend wieder in Erscheinung treten durften, nämlich um aufzuräumen und um – im wahrsten Sinne des Wortes – die Trümmer dieses

Irrsinns wegzuschaffen. Diese »Trümmerfrauen« bewegten Tonnen von zerbombten Häuserresten und Ziegelhaufen in Wien und machten dadurch den Wiederaufbau der Stadt überhaupt erst möglich.
Es verwundert nicht, dass es über diese wahren »Heldinnen« so gut wie keine fiktive Prosa oder dramatischen Stücke gibt. Dazu war der Mann in den fünfziger Jahren viel zu sehr damit beschäftigt, Unbequemes unter den Teppich zu kehren und das Wirtschaftswunder vorzubereiten, während die Frau alle Hände voll zu tun hatte, Heim und Herd in Schuss zu halten und die Kinder aufzuziehen, die »es einmal besser haben sollten«. Trude Marzik hat die gemischten Gefühle ihrer Generation in einem »Protestsong« auf den Punkt gebracht.

Dann ham ma uns die Ärmeln aufgestreckt,
den Dreck weggramt und aufbaut frisch
die Häuser, Kirchen, die Theater,
ham langsam angeschafft Bett und Tisch.
Du möchst gern nachholn, was d' versäumt hast?
dazu ham mir ka Zeit, ka Geld.
Die Kinder, unsre eignen Kinder,
solln leben in aner bessern Welt.
Sie braucht halt immer a Illusion –
unser Generation.

Erst mit Wolfgang Bauer meldete sich Ende der sechziger Jahre das Volkstheater in neorealistischer, absurder Form wieder zurück. »Magic Afternoon« und »Change« zeigen konsequent den Leerlauf einer nach dem Wiederaufbau ideenlos gewordenen Gesellschaft theaterwirksam auf. Weibliche Figuren mit starken Konturen wird man allerdings auch in diesen Stücken vergeblich suchen.

Wohin sind sie verschwunden, all die süßen Vorstadtmädeln, reichen Witwen, Salondamen und Mätressen? Gibt es die noch? Ja, es gibt sie noch. Allerdings nicht mehr in der Form, die uns aus den alten Erzählungen und Theaterstücken überliefert ist. Nie

zuvor hat sich die Gesellschaft so sehr verändert wie in den letzten drei Jahrzehnten.
Das heutige »Mädel« ist keine Friseurin, sondern Hair-Stylistin und hat via Facebook 648 »Freunde« in Australien, Japan und Uruguay. Die heutige Salondame ist nicht einfach nur mehr reich verheiratet, sondern besitzt inzwischen eine eigene Werbeagentur und twittert am Blackberry mit ihrem Gelegenheits-Lover in Hongkong. Und die heutige Mätresse fliegt mit einem unappetitlich sabbernden Alt-Baumeister auf die Malediven und lässt sich dabei auch noch filmen. Wenn man also ganz genau hinschaut, dann gibt es gewisse Reste der überkommenen Typologie irgendwie schon noch, wiewohl bloß rudimentär und nur noch mit viel gutem Willen erkennbar.
Und so gesehen gibt es sogar noch die Feen aus Raimunds Zauberwelten, wenn auch nur in der »ganz leicht« abgewandelten Gestalt einer Lottofee im Fernsehen. »That's the way the cookie crumbles«, wie ein heutiges Mädel das sagen würde, was Trude Marzik auf Wienerisch schon vor vierzig Jahren geschrieben hat:

Als Wienerin muaß i oft hamlich lachen,
wann i so les und hör, wia d' Wienerin is.
Was haben s' net alls besungen und beschrieben!
»Die Musikalität«, »des süaße Gfries«,
»die Heiterkeit«, »die Leichtigkeit«, »die Jugend,
die ewige«, »die Hingabe im Tanz« –
es hört si guat an, aber stimmt des wirklich?
Die Blaue Donau is ja aa a Pflanz.

Red' ma Wienerisch

... aber wie lange noch?

Red ma wieder wienerisch ohne Manuskript,
Setz ma uns net zwischen Stühle, wenn's auch Sessel gibt;
Red ma wieder wienerisch, samma arrogant!
A bisserl an'n Charakter zeigen is bestimmt ka Schand!

PETER WEHLE

Sprachforscher schlagen Alarm: Wenn die Zurückdrängung des Wienerischen in der Rasanz weitergeht, wie sie zurzeit konstatiert wird, dann wird diese einst so geliebte Wiener Stadtmundart ab der Mitte des 21. Jahrhunderts so gut wie ausgestorben sein: Die in den letzten Jahren geborenen Kinder der Mitte bis Ende 20-Jährigen wachsen heute schon ohne den Wiener Dialekt auf. Und das nicht nur deshalb, weil in diesen Altersgruppen der Anteil der Generationen mit Migrations-Hintergrund bereits satte vierzig Prozent beträgt.
Seit den Geburtsjahrgängen ab Anfang der achtziger Jahre wird nur mehr in der Arbeiterschicht Wienerisch gesprochen. Dazu meint der Wiener Dialekt-Soziologe Peter Wiesinger:

> *Ich sehe den Grund in der hochdeutschen Sprachverwendung ab dem Kindergarten und in der Ablehnung des derben, als das Wienerische schlechthin geltenden Unterschichten-Jargons durch die Mittelschicht.*

Einen nicht unwesentlichen Anteil daran hat der Einfluss der Medien Kino und Fernsehen, die größtenteils Filme und Serien mit norddeutschem Zungenschlag produzieren beziehungsweise synchronisieren. Andererseits hat gerade die Popularität von heimischen Fernsehserien wie »Kaisermühlenblues« und

»Ein echter Wiener geht nicht unter« ein Bild des Ur-Wienerischen geprägt, das ausschließlich »ein Ausdruck der Herkunft aus niederen sozialen Schichten ist«. Die von Ernst Hinterberger kreierten Figuren wie Edmund (Mundl) Sackbauer, die Bezirkspolitiker Gneisser und Schoitl sowie die Hausbesorgerin Turecek sieht man sich zwar gerne an, aber nur um sich darüber zu amüsieren. Identifizieren will man sich von der Mittelschicht aufwärts nicht mit ihnen.

Interessant ist in diesem Zusammenhang auch, dass in den heutigen, vorgeblich »wienerischen« TV-Serien wie etwa Soko Donau die Dialoge als Konzession an den deutschen Co-Produzenten »entwienert« werden müssen. Das Ergebnis ist ein teutonisch-wienerischer Sprachbrei, den hier wie dort zwar kein normaler Mensch spricht, erstaunlicherweise aber alle verstehen. Eine verbale, eierlegende Wollmilchsau sozusagen. Wenn also – abgesehen von wenigen Kabarett-Aufzeichnungen – das Wienerische nicht einmal in den Hauptabendsendungen des Österreichischen Rundfunks vorkommt, darf man sich dann noch darüber wundern, dass Dialekt und Umgangssprache vom Aussterben bedroht sind? Und damit auch ein identitätsstiftendes Kulturgut, das der Kabarettist und Sprachwissenschafter Peter Wehle noch vor dreißig Jahren mit flammenden Appellen zu retten versuchte. Im Nachwort seines Bestsellers »Sprechen Sie Wienerisch?« schreibt er:

> *Einerseits gilt der Dialekt als unfein und ungebildet … Andererseits ist er für die meisten Menschen das sprachliche Zuhause und das beste Dauertransportmittel für unsere Emotionalität. Und darum: Red ma Wienerisch! Weil wir dann vieles viel prägnanter und klarer ausdrücken können und weil wir oft viel reichere Möglichkeiten dafür finden. Hochsprache ist schwarzweiß, Dialekt ist Farbe.*

Dem ist vorbehaltlos beizupflichten. Die heimische Mundart spricht in emotionsgeladenen und farbenfrohen Bildern. Und die Wiener Redensarten sprechen Bände über die Eigenarten der Wiener: Das eine Mal klingen sie herzlich und gutmütig, das andere Mal sind sie grob und manchmal sogar beleidigend. Häufig sind sie auch das Produkt einer lebhaften Phantasie und Einbildungskraft, die mitunter auch temperamentvoll übers Ziel hinausschießen kann. Von einem geschwätzigen Menschen sagt man beispielsweise, dass er einen »a Loch in' Bauch red't«. Bei einem, der in Rage gerät, »geht das Häferl über«. Und wenn einer ein gefürchtetes Mundwerk hat, dann redet man von »ana Gosch'n wia a Schwert« oder »an Mäu [Maul] wia a Dreckschleuda«. Einer, der nach mehrmaliger Anrede nichts erwidert, muss es auf sich nehmen, als »terische Kapell'n« apostrophiert zu werden. Das kommt vom mittelhoch-deutschen toerisch – das bedeutet, einer, der nichts hört, wirkt wie ein Tor, und in seinem Inneren ist es still wie in einer Kapelle. Einmalig ist die Bildhaftigkeit des Wienerischen auch dort, wo einer »wie aus'n Schachterl is«, weil er sich in »d' Schal'n g'haut«, will heißen: sein bestes Gewand angezogen hat. Eindrucksvolle Sprachbilder sind auch »Maschierpulver« für Abführmittel und »Lausallee« für den Scheitel. Wer nicht richtig im Kopf ist, hat »an Klamsch«, »an Klescha« oder auch »an Huscher« und wird dadurch zum »Hiafler« oder »Hirnederl«. Als solches muss er es sich gefallen lassen, als »fester Depp« zu gelten. Ist er noch dazu ein »Naturdepp«, so wurde er schon als solcher geboren. Apropos »Depp« – wenn man jemand »deppert sterben lässt«, dann hat man eine Information absichtlich an ihm vorbeigespielt. Und wenn einer »Deppensteuer« zahlen musste, dann heißt das, dass er beim Glücksspiel verloren hat.

Wenn einer dem anderen Schläge androht, dann lässt er ihn als Vorwarnung wissen, dass der Betreffende »am Watsch'nbam beutelt«. Für Drohungen dieser Art gibt es darüber hinaus eine komplette Schatzliste von wienerischen Wortwahlvarianten: »I pansch da ane«, »I prack' da ane«, »lass da ane anschau'n«, »i gleng' da ane«, »i druck da ane«, »i häng da ane um« und so weiter. Für den aggressiven Akt, also die Ohrfeige selbst, hat der Wiener ebenfalls unzählige Wörter im Köcher: »Flasch'n«, »Detsch'n«, »Ohrringerl«, »Tschinöll'n« und »Watsch'n«.Wobei

Letztere auch bei einer besonders drolligen Wiener Redensart den Stein des Anstoßes gibt: »Dem Dreck a Watsch'n geb'n« will zum Ausdruck bringen, dass jemand ein Problem noch verschlimmert, indem er an dessen Lösung mit offensichtlich untauglichen Mitteln herangeht.
Vielfältig sind auch die Bezeichnungen für den Alkoholrausch: »a Schwips«, »a Schweigel«, »a Schwammer« und »a Schwül« oder auch schlicht »a Fahnl«. In diesem Zustand ist man »an'blas'n«, »an'dippelt«, »ang'straht«, »ang'soff'n wiar a Häusltschick« oder auch »fett wiar a Radierer«.
Im Hochdeutschen bleibt fürs Tränenvergießen keine andere Wortwahl als »Weinen«. Auf gut Wienerisch kann man »heul'n« oder »plärr'n«, »platz'n« oder »rear'n« (vom Mittelhochdeutschen »reren«, also blöken oder auch fallenlassen, zum Beispiel die Tränen). Auch für das besonders heftige Lachen hat das Wienerisch gleich mehrere Ausdrücke parat: Sich »zerkugeln«, »zerwuzeln«, »zerbröseln« oder schlicht »si' abhau'n«. Dem Wiener ist nicht schlichtweg was egal, sondern »wurscht« oder auch »blunz'n«. Ein schönes Mädchen ist »budelsauber«, »tulli g'stellt« und »bagschierlich« eine böse Frau hingegen eine »Bißgurn«, »Schreckschraub'n«, »Z'widerwurzen« oder gar »Karnallje« (aus dem Französischen für Hundepack). Ein windiger Geselle ist ein »Ganef« (aus dem Jiddischen) ein »Halawachel« (aus dem Tschechischen für Schlingel), »Schlankerl« oder »Schliaferl«, was so viel wie »Spitzbua« heißt. Ein kleiner Mann ist ein »G'stauchter«, »a G'steaml«, »a O'zwickta« oder auch ein »Arschaufd'rerd« – will heißen: Sein Gesäß befindet sich in bedenklicher Bodennähe. Ist er dazu auch noch schwächlich, dann spricht man von einem »Zniachtl« oder »Zwutschkerl«, in extremen Fällen auch von einem »Verreckerl«, »Krischperl«, »Krewegel« oder »Krippelg'spül«. Ein extrem magerer Mann wird »G'söchter« oder auch »Zwirnblader« genannt. Ein eleganter Herr wird in Wien zum »feinen Pinkl«, ein reicher Mann zum »G'stopft'n«. Wenn einer besonders feig und unterwürfig ist, nennt man ihn »Kniera« oder auch »Wappler«. Von uriger Bildhaftigkeit sind auch die Wiener Synonyme für einen kleinkarier-

ten Pedanten, nämlich »Nudeldrucker« und »Idipferlreiter«. Bei den Adjektiven begnügt sich das Wienerische nicht mit so einfachen Gegensatzpaaren wie gut und schlecht, gescheit und dumm, heiß und kalt. Zwecks drastischer Veranschaulichung werden diese Eigenschaftswörter mit Bildern verstärkt, die sich jeder lebhaft vorstellen kann. Da heißt es dann: »grundg'scheit« und »blunz'ndumm«, »waschlnass« und »staubtrocken«, »brennhass« und »saukalt«, »grundguat« und »hautschlecht«. Dabei bleibt allerdings die Frage offen, was die Schlechtigkeit mit der Haut und die Blutwurst mit der Dummheit zu tun haben soll. Was allerdings nichts daran ändert, dass das Wienerische weitaus temperamentvoller, nuancenreicher und ausdrucksstärker ist als seine hochdeutsche Schwester. Der deutsche Spitzen-Schauspielstar Mario Adorf hat das in einem Fernsehinterview neidlos zum Ausdruck gebracht:

> *Ich habe die Wiener Schauspieler immer um ihre Sprache beneidet, weil diese doch eine andere Art des Deutschen sprechen. Und ich meine ernsthaft, dass sie einen größeren Gefühlsausdruck in der Sprache haben. Die deutsche Hochsprache ist eine sehr künstliche, eine sehr kühle und rationale Sprache. Im Gegensatz dazu vermag das Österreichische mit seiner Weichheit eine viel größere Palette von Empfindungen zum Ausdruck zu bringen.*

Die Erkenntnis, dass sich der Österreicher von den Deutschen vor allem durch die gemeinsame Sprache unterscheidet, dürfte also viel tiefer gehen, als es das einschlägige Zitat von Karl Farkas vermuten ließe.

Ich habe versucht nachzuempfinden, wie sich so eine Doppelconférence zwischen Hochdeutsch (H) und Wienerisch (W) im Kontrast der Temperamente abspielen würde, nämlich ungefähr so:

H: Ich bin korrekt.
W: Glaubst, i bin bled?
H: Hab' was entdeckt …

W: Oder a ned.
H: Ich war schon alles.
W: I bin nix wuan.
H: Ich hab's geschafft.
W: I hab valuan.
H: Hab' mich getäuscht.
W: I hab's errat'n.
H: Hat nichts genützt.
W: 's wird a nix schad'n.
H: Bin engagiert!
W: I misch mi ned ein.
H: Ambitioniert!
W: Kumm, lass ma's sein.
H: Kann ich versteh'n.
W: Waß ma kann Rat.
H: So könnt es geh'n.
W: I bin mir z'schad.
H: Da bin ich offen!
W: I bin bumm zua.
H: Ich will noch mehr.
W: I hab' scho g'nua.
H: Schwer ist mein Herz.
W: Leicht is' mei Bluat.
H: Ich bin dafür!
W: I find's ned guat.
H: Ich bin voll Zorn.
W: I mach kan Druck.
H: Auf geht's – nach vorn!
W: I halt mi z'ruck!

Die von Mario Adorf angesprochene »Palette von Empfindungen« dürfte nicht zuletzt damit zusammenhängen, dass das wienerische Deutsch mit einer instinktsicheren Leichtigkeit zwischen Sich-Zusammennehmen und Sich-Gehenlassen hin- und herpendelt. Das eine Mal macht man »Manderln« oder auch »Spompanadln« und sagt man sich »all's was recht is, oba sowos braucht ma si net g'fall'n lassen«. Das andere Mal resigniert man mit dem Lieblingssatz »Da kann ma nix mach'n« und tröstet sich mit »wer waaß, wozu's guat woa«. Oder gar: »Mein Gott, des san halt Weana G'setz« – das soll heißen, dass sich schon kurz nach ihrer Erlassung niemand mehr darum kümmert. Bezeichnenderweise soll der Urheber dieser Redensart kein Geringerer als Seine Apostolische Majestät Kaiser Franz II von Österreich gewesen sein. Von ihm, dem »guten Kaiser Franz«, hat das Volk schon zu Lebzeiten bemerkt:

Das ist der Baumeister der Monarchie, dem ist noch nie etwas eingefallen.

Und weil dem Franz rein gar nichts einfallen wollte, sehnte sich das Volk schon bald wieder nach Josef, dem II., zurück. Ein Spaßvogel brachte dies auch in aller Öffentlichkeit zum Ausdruck, indem er am Josefsdenkmal in Wien ein großes handbeschriebenes Plakat anbrachte, auf dem – weithin sichtbar – zu lesen war:

Pepi, steig oba, laß den Franzl reiten!

Als Franz II. nach der verunglückten Dreikaiserschlacht von seiner ersten Begegnung mit Napoleon zurückkehrte, sagte er über seinen zukünftigen Schwiegersohn:

Iaz, weil i'n g'seg'n hab, kann i'n scho gar nimmer leiden.

Es ist also noch nicht so lange her, dass sich auch die Monarchen der wienerischen Redeweise bedient haben. Als Kaiser Ferdinand – offiziell »der Gütige«, im Volksmund aber »Gütinand, der Fertige« genannt –, der gezwungenermaßen das Szepter an Franz Joseph hatte weitergeben müssen, von der Schlappe seines Nachfolgers bei der Schlacht bei Solferino erfuhr, kommentierte er das mit der trockenen Bemerkung:

Na, so hätt' i's grad' a no 'troffen.

Schon bei der Abtretung der Kaiserwürde an seinen Neffen soll er, nachdem sich dieser artig dafür bedankt hatte, zu ihm gesagt haben:

Laß' geh'n, 's is gern g'scheh'n!

Wie hätte sich das wohl auf Hochdeutsch angehört? Jedenfalls keineswegs so, dass es die Nachwelt lustvoll zitiert hätte. Hier knüpfte Joseph Weinheber an. Besorgt um den Niedergang der heimischen Mundart, schrieb er schon in der Zwischenkriegszeit:

Früher ham Kaiser und Herrn si net gschamt,
z'reden wie d' gwöhnlichen Leut.
Heut gengan d' Dienstmadeln – Seidn und Samt –
Aa in der Sprach mit der Zeit.

Genauso schwierig, wie es ist, das muntere Temperament wienerischer Gedanken in ernsthafter Hochsprache auszudrücken, fällt es umgekehrt auch schwer, ernsthafte Gedanken in wienerische Mundart zu kleiden. Das gilt sogar für den tragischsten aller Fälle, von dem eine Alt-Wiener-Anekdote erzählt:

Der Maler Schödl trifft auf der Straße den Sohn eines alten Bekannten. Kurzes Begrüßungszeremoniell.
»Wie ist das werte Befinden?«
»Der Herr Papa ist vor sechs Wochen gestorben.«
»Aber nein … darum seh' ich ihn jetzt so selten.«
Peinliche Pause, bis Schödl das Schweigen bricht: »Was hat ihm denn g'fehlt?«
»Doppelseitige Lungenentzündung.«
»Na, so arg wird's schon net g'wesen sein.«

Es scheint, als hätte das Wienerische eine erheiternde Funktion in einer Welt der traurigen Tatsachen. Und so werden die hehren Klassiker schon dadurch zur Travestie, dass sie ins Wienerische verpflanzt werden. Da wird sogar das tragische Ende von »Hamlet« zu einer Mordsgaudi in einem Aufwaschen.

Königin: Sag, Bub, hast uns vergift' ... ?
Hamlet: Schlafen .... vielleicht auch träumen ...
König: Ein Bursch von unendlichem Humor ...
Königin: So was ... der Lausbub ... Vergift' uns da einfach ... (Sie sinkt zurück.)
König (ganz langsam und leise): »Hast recht, Hamlet ... 's war eh fad. (Sinkt gleichfalls zurück.)
Hamlet: Der Rest ist Schweigen. (Er erstarrt.)
HELMUT QUALTINGER

Die Wiener Poetin Trude Marzik hat die emotionale Fallhöhe zwischen literarischer Hochklassik und Wiener Alltagslyrik am Beispiel von »Parallelgedichten« nachempfunden. Ein besonders gelungener Versuch ist die Übertragung eines ausgewählten Gedichts von Eduard Mörike:

DAS VERLASSENE MÄGDLEIN	ER HAT MI ANG'LAHNT LASSEN
Früh, wann die Hähne krähn, *Eh die Sternlein verschwinden,* *Muß ich am Herde steht,* *Muß Feuer zünden.*	*Wecker läut'.* *Tuat ma weh* *Finster is' heut* *An Kaffee.*
Schön ist der Flammenschein, *Es springen die Funken;* *Ich schaue so drein,* *In Leid versunken.*	*Der Rechaud.* *Gas aufdrahn.* *So oder so –* *Liegt nix dran.*
Plötzlich da kommt es mir, *Treuloser Knabe,* *Daß ich die Nacht von dir* *Geträumt habe.*	*In mein Bett* *wär no Platz.* *Hätt er nur net* *D' andre Katz.*
Träne auf Träne dann *Stürzet hernieder;* *So kommt der Tag heran –* *O ging er wieder!*	*Ganz verheult* *aus'n Haus.* *Des is a Freud.* *Gsund schaust aus*

Joesie Prokopetz, einer der letzten Wiener Lokalmatadore, pflegt zum Gaudium seiner Zuhörer darauf hinzuweisen, dass das Wienerische insofern eine weitschichtige Verwandtschaft mit dem Chinesischen hat, als ein und dasselbe Wort verschiedenste Bedeutungen annehmen kann, je nach der Tonlage, in der es ausgesprochen wird. Als Beispiel nennt er den häufig verwendeten Imperativ »geh«.

> *»Geh« wird vorzugsweise benutzt, um die Unwahrscheinlichkeit, ja Unglaubwürdigkeit einer gehörten Äußerung zu signalisieren: Geh!*
> *Aber auch um Erstaunen zu zeigen: Geh?*
> *Betroffenheit: Geh!*
> *Ja sogar Erschrecken: Geh!*
> *Oftmals werden die vorher geschilderten Gemütsregungen mit dem Zusatz »Wos d' net sogst« verstärkt.*
> *Bei Gesprächspartnern, unter denen noch nicht das vertraute »Du« gilt, wird korrekterweise das höfliche »Gengan 'S« verwendet.*
> *Sehr häufig und keinen bestimmten Kommunikationszielen zuzuordnen sind die Mehrfachnennungen. Wobei wir unterscheiden zwischen dem zweimaligen Hervorstoßen, der Dublette: Geh, geh! Dann, dem dreifachen Geh, geh, geh! Und dem Fünffachen, dem Pentathon: Geh, geh, geh, geh, geh.*

Zu den Vorzügen des Wienerischen gehört nicht zuletzt seine Musikalität. Und deshalb postulierte Peter Wehle in seinem Standardwerk »Sprechen Sie Wienerisch?«:

> *Vielleicht wird einmal einer ein Buch über die Melodik des Wienerischen schreiben, das wäre nämlich schon längst fällig: über die Vokalharmonie, die es nicht nur in der ungarischen Sprachlehre gibt, über den Hang der Wiener zum Daktylus, der den Walzerrhythmus impliziert.*

Wenn immer wieder über die schwere Singbarkeit des Deutschen geklagt wird – für das Wienerische gilt das nicht. Dafür sorgen schon die weichen Konsonanten und nicht zuletzt die Abkürzungen von Vor- und Nachsilben, die für das Verständnis des Gesagten oder Gesungenen nicht unbedingt notwendig sind. Nehmen wir ein paar einfache Beispiele: Wo das Hochdeutsche sieben Silben braucht, wie für die Frage »Was hättest du denn getan?«, werden umgangssprachlich nicht mehr als vier Silben benötigt: »Was hätt'st denn 'tan?« Eine Halbierung der erforderlichen Silbenanzahl gelingt dort, wo der Satz »Ich weiß es ohnedies« sechs Silben zählt, dem Wiener aber deren drei genügen: »I waaß eh!«

Vielfältig sind auch die Möglichkeiten, im Wienerischen »Nein« zu sagen, ohne dieses unbeliebte Wort strapazieren zu müssen. Man muss ja nicht gleich zu den forschen und beleidigenden Redewendungen greifen, wie beispielsweise »damit können 'S Ihna braus'n« (was allerdings nicht wörtlich genommen werden muss). Eleganter ist die Formulierung »sonst haben 'S kane Schmerzen?«, womit natürlich keine sonderliche Hochachtung vor den möglichen Schmerzen des anderen ausgedrückt werden soll, sondern die bestimmte Absicht, auf dieselben keine wie immer geartete Rücksicht zu nehmen. Den aus Deutschland zugereisten Burgtheaterdirektor Eduard von Bauernfeld hat diese Redensart vor etwa hundertfünfzig Jahren zu einem Gedicht mit dem beziehungsvollen Titel »Wiener Dialekt« inspiriert:

Die deutschen Jungfraun zieren sich,
Spröd-ernsten Wesens, strengens:
Die Wienerin hält sich den Mann vom Leib
Und lacht und sagt: »Jetzt gengen 'S!«

Und wenn er dringend wird und spricht
Von seinem gebrochenen Herzen,
Dann schaut sie ihm ernsthaft ins Gesicht:
»Sonst haben 'S keine Schmerzen?«

Und will er die Pistole gar
Nach Brust und Stirne richten,

Da nimmt sie ihn freundlich bei der Hand:
»Gehen 'S, machen 'S keine G'schichten!«

Einen Schritt weiter geht der ablehnende Grundton bei den ironischen Redewendungen »Und sonst san 'S g'sund?« und »Sunst fehlt Ihna' nix?«, denn hier wird zwar nicht ausdrücklich, aber doch schlüssig am Geisteszustand des anderen gezweifelt.
Widerspruchsvoll klingt es auch, wenn der Wiener sagt: »Du kannst mi' gern hab'n« oder nur »Hab' mi' gern«. Auch das ist keinesfalls wörtlich zu nehmen. Es bedeutet nämlich ganz im Gegenteil: »Bemüh' dich nicht um mich – es ist zwecklos!«
Typisch Wienerisch ist schließlich der Hang zur Verkleinerung, wie er nicht zuletzt in dem alten Sinnspruch zum Ausdruck kommt:

Gibt der Herr a Haserl,
Dem gibt er auch a Graserl.

In seinem Hang zur Verniedlichung ist das Wienerische weltrekordverdächtig. Hat einer einen über den Durst getrunken, hat man ein »Schwipserl«. Ist der Mensch über etwas verstimmt, dann führt man diese Heiterkeit des Gemüts darauf zurück, dass »eahm was über's Leberl g'laufen is«. Und will man jemand möglichst einfühlsam für etwas gewinnen oder auch umstimmen, dann muss »ma eahm's Goderl kratz'n«. Für alle, die im Alt-Wienerischen nicht so firm sind: »Goder« ist der Fettwulst unter dem Kinn. Sollte dieser bereits eine Doppelwelle schlagen, gilt die Gebrauchsanweisung des Couplet-Genies Armin Berg:

Hat der Mann ein Doppelkinn,
Macht nix – greifst halt doppelt hin.

Jedenfalls bleibt der holden Weiblichkeit dann mehr Platz fürs »Goderl kratz'n«.
Schon Johann Nestroy lässt in der Posse »Freiheit in Krähwinkel« den Revolutionsführer Ultra darüber räsonieren, dass bei

uns die elementarsten Dinge des öffentlichen Lebens – wie mit einem umgedrehten Operngucker – immer nur in der Verkleinerungsform gesehen werden:

Alles Menschheitempörende, was sie wo anders in großem haben, das haben wir hier in kleinem. Wir haben ein absolutes Tyrannerl, wir haben ein unverantwortliches Ministeriumerl, ein Bürokraterl, ein Zensurerl, Staatsschulderln, weit über unseren Kräfterln, also müssen wir auch ein Revolutionerl und durchs Revolutionerl ein Konstitutionerl und endlich a Freiheiterl krieg'n.

Dass die Wiener Seele zur beschönigenden Verkleinerung neigt, hat den Wiener Allroundkünstler Joesie Prokopetz zu einer eigenen humoristischen Glanznummer inspiriert. Da nennt er in bunter Reihenfolge Beispiele für den häufigen Gebrauch der Verzärtlichungssilben »i«, »erl«, »erli« oder »irli«:

Zum »Braterl« im »Biersafterl« mit »Markknöderl« gönnt man sich ein »Bierli« oder »Weinderl« und isst vorher noch ein »Supperl« … 'wegen dem »Magerl«. Dass man nachher noch ein »Torterl« oder ein »Kaffedscherl« zu sich nimmt, ist nur logisch, wenn man schon so ein »Hungerl« gehabt hat. Hinterher hat man ja eh ein »Verdauungsschnapserl« … Die größte Sau ist ein »Schweinderl«. Und wenn jemand seine Zähne ins Fleisch eines Stelzenknochens schlägt, tut er »Beindi abnagen« … Und auch der ausuferndste Hintern kann ohne weiteres ein »Popscherl« sein …

Wie wenig der Wiener geneigt ist, eigenwillig oder gar herrschsüchtig aufzutreten, geht nicht zuletzt aus der sprachlichen Besonderheit hervor, dass er nur in der Verneinung die Wirklichkeitsform, bei der Bejahung aber immer die weitaus bescheidenere Möglichkeitsform verwendet. Er sagt also »I mag nix«, aber »I mechert was«, kaum umgekehrt: »I mag was« oder »I mechert nix«. Dessen ungeachtet wird die Möglichkeitsform oft und gern gebraucht, was sich mit »hätt i, tät i, war i« zusammenfassen lässt oder auch »da müßert ma«, »da könntert ma«, »da solltert ma«. Oder, nicht weniger reizvoll: »Wann des gangert, dann gingert's«.

Auch das »Rotwelsch« – die deutsche Gaunersprache, eine Mischung aus Jiddisch, Mittelhochdeutsch und der Sprache der Zigeuner, hat im Wienerischen seine Spuren hinterlassen. Wenn man weiß , dass »Bartl« die Brechstange ist und »Most« Geld bedeutet, dann wird einem plötzlich klar, »wo der Bartl den Most holt«. Was ein echter Gauner ist, der betrügt nicht einfach – er »betakelt« und »legt« das Opfer. Beim Falschspiel wird das Gegenüber »beschummelt« oder auch »obetrag'n«. Ist er ein Dieb, dann wird er anstatt nur zu stehlen, lieber »fladern« oder auch »abgarnieren«, sich was »einnah'n« oder jemand was »steß'n«. Hat er es auf Juwelen abgesehen, zum Beispiel auf »Brüllä«, also Brillanten, dann wird er »in d' Scherben greifen« und in der Folge danach trachten, den gestohlenen Schmuck, genannt »Murrer«, zu »verschiefern« – beim Hehler zu Geld zu machen. Und wenn es so ausgeht, wie er es geplant hat, dann »stimmt die Marie«.

Wenn der Verbrecher bewaffnet ist, dann hat er nicht bloß einen Revolver, sondern »a Puff'n«, »Krach'n« oder auch »a Kanon«.

Wenn er sein tödliches Handwerk aber händisch verrichtet, dann wird er das Objekt seiner Aggression »hamdrahn«, in dem er ihn beispielsweise »a'kragelt« – will heißen: den Hals umdreht (so wie das bei den Hühnern der bäuerliche Brauch ist) oder einfach »faschiert«, auf Hochdeutsch etwa: Jemand so lange durch den Fleischwolf drehen, bis nur noch Gehacktes von ihm überbleibt. So oder so ist das beklagenswerte Opfer »maukas« (aus dem Jiddischen für tot). Dabei ist das Unglück meistens vorherzusehen – immer dort, wo die Situation brenzlig, also »grean« wird (vom mittelhochdeutschen »greinen«) und jemand in der Klemme ist – »den Aufdraht'n hat«. Am Ende sieht einer rot – wie in dem Falco Song »Wiener Blut«:

Man ruft den Doktor, Doktor …
Ana fragt: »Is' der tot?«

Wiener Blut
Mit Mord und Totschlag hab'n wir nix am Hut
Doch sind für eine Hetz wir immer gut

Die zweite Strophe dieses Lieds beginnt mit den Worten:

Der Professor hat an Dreia ausg'fasst, heut geht er ham …

Was es mit solch einem »Dreier«, »Fünfer« oder auch »Fünfzehner« auf sich hat, erzählt der Kulturwissenschaftler Robert Girtler in seinem Buch »Rotwelsch – Die alte Sprache der Gauner, Dirnen und Vagabunden«. Während eines Spitalaufenthalts nach einem Motorradunfall musste er sein Zimmer eine Zeit lang mit einem halb- und unterwelterfahrenen jungen Mann teilen. Es hatte nicht lang gedauert, bis der Bettnachbar seine Sympathie für ihn, den Herrn Professor, entdeckte und die Rolle des Beschützers übernahm. Als eine ob ihrer herben Art gefürchtete Krankenschwester namens Hermi wieder einmal grob und unfreundlich zu Girtler war, rief sein Zimmergenosse sie zu sich ans Bett:

»Wenn Sie sich weiter so aufführen, dann nehm ich einen Fünfzehner auf mich!« Die Schwester, die das aus dem Rotwelsch stammende Wort »Fünfzehner« nicht kannte, fragte, was das bedeute. Der Bettnachbar antwortete: »Fünfzehn Jahr Häf'n, denn ich hau' Ihnen, wenn Sie weiter so frech sind, die Urinflasch'n auf'n Schädel.«

Das hat gewirkt. Von da an begegnete die herbe Schwester Hermi auch ihrem akademischen Patienten nur noch mit ausgesuchter Höflichkeit. Sie war auch gut beraten, einem »Köch« (»Kelch« – das heißt Streit) aus dem Weg zu gehen. Sonst hätte es »Wickel« gegeben – dieses Wort leitet sich von den Umschlägen ab, mit denen die Streithähne nach geschlagener Schlacht verarztet wurden. Wie so ein »Wickel« entsteht, hat Falco in »Wiener Blut« auf beispielhafte Art beschrieben:

Der Peter und der Rote ham dem Kas ane geb'n …
Volle Wäsch in d' Wand, war das scheen

Das literarische Vorbild für Falco war die Wiener Gruppe. Nun hat ja dieser Dichterkreis rund um H. C. Artmann, Conrad Bayer, Friedrich Achleitner und Gerhard Rühm den Wiener Dialekt für sich in den Dienst genommen, ohne vorher je im klassischen Sinn Dialektdichter gewesen zu sein. Heimito von Doderer, der Förderer dieser »Wiener Gruppe« schrieb im Vorwort zu dem richtungsweisenden Gedichtband »hosn rosn baa«:

Artmann, Rühm und Achleitner sind keine Dialektdichter. Wohl aber haben sie Dichtungen im Dialekt geschrieben.

Und während die Teenager der ausgehenden fünfziger Jahre naive Schluckauf-Songs aus ihrem tragbaren Transistor-Radio herausplärren ließen, dichtete H. C. Artmann bereits:

… Do kenn i nix
Do gib i kann bardaun
Do kummans olle
Olle draun!
De gaunze Nocht
Hadsch I daun duach
Des Bluat rinnt mia
Von om in d Schuach
I schneid schneid schneid
Dass des Bluat nua so
Von da Sichl schreit
Bis in da Fruah!

Gerhard Rühm, der, wenn er nicht gerade versuchte, einem Klavier Töne zu entlocken, die in einem Klavier einfach nicht drinnen sind, dichtete über eine alltägliche Befindlichkeit des Wieners:

Dar Wein dar Wein dar Wein dar Wein
Dar Wein dar Wein dar Wein
Sunsd foed ma goa nix ein

Dar schdeffe ewendduö
Dar schdeffe ewendduö
Und dar Wein
Dar Wein dar Wein dar Wein
Sunsd foed ma bei leib nix ein

Dar Wein dar Wein dar Wein
Dar Wein der schdeffe dar Wein
Sunsd foed ma I schwea s nix mea ein

Natürlich waren viele Menschen damit heillos überfordert, zumal diese unfrisierte Sprache nicht in ihre frisierte, heile Welt passte. Man stelle sich bloß vor, wie eine Hausfrau (in den Fünfzigern waren fast alle Frauen Hausfrauen) am Nierentisch sitzend, ihrem penibel gekämmten, frisch gebügelten Sohn »Sowas« als Gedicht vorträgt! Ging nicht. Unmöglich.
Man kann es bis zu einem gewissen Grad sogar verstehen. Wie sollten Menschen, in den Jahren des beginnenden Wirtschaftswunders kulturell völlig unterversorgt und daher auch desinteressiert, ohne Information und schulische Aufklärung den Zugang zu einer experimentellen Kunstform finden, die noch dazu auf gnadenlos lautmalerische Art niedergeschrieben ist, beispielsweise so:

Schdiagn schdeign
Schdiagn schdeign
Schdiagn schdeign
ewich
Schdiagn schdeign
Schdiagn schdeign
Schdiagn schdeign
Ewich ewich

Schdiagn schdeign
Schdiagn schdeign
Ewich ewich ewich
Schdiagn schdeign
Gerhard Rühm

Diese Gedichte darf man nicht einfach nur lesen, man muss sie laut lesen, für sich aussprechen, sich vorsprechen. Man muss sie anschauen, sie betrachten wie ein Bild, sitzend, liegend, kniend oder am Kopf stehend. Um solche Gedichte rezitieren zu können, muss man die Sprache mitleben. Aber: Wer kann das schon? Den Schlüssel zum besseren Verständnis gibt der Titel von Conrad Bayers bekanntestem Buch: »Der sechste Sinn«. Denn erst die volle Ausschöpfung aller dem Menschen verfügbaren sinnlichen Fähigkeiten öffnet der Sprache neue Wege.
Ob im Alltagsleben, auf dem Naschmarkt oder am Würstelstand; in den österreichischen Medien, in Sprachforscher-Kreisen oder im neuen Wienerlied, egal: Gesprochen wird in Wien – allen »EU-Übergriffen« zum Trotz – nach dem Motto: Mir san mir! A Marmelad bleibt a Marmelad und wird nie zur Konfitüre werden. Will man jedoch dem heutigen Wienerisch'n gerecht werden, muss man vor allem den migrationsbedingten Spracheinflüssen, Anglizismen und Termini technici aus neuen Berufswelten Rechnung tragen:

»Oida, i druck dir ane, dass da die Festplattn abstürzt.«
»Voll krass, hasta la vista, baby.«
»Ur-fett, die Oide, Mega-Boops, check it out.«
»Respekt, brother, sunst is game over.«

Abgesehen von bayrischen Stammdialekt waren die Sprachwurzeln der Wiener seit jeher vielfältig (ganz im Gegensatz zu ihren xenophoben Klischeebildern, die eher einfältig sind): Französisch, Italienisch, Ungarisch, Böhmisch, Jiddisch und Kroatisch und seit den siebziger Jahren auch amerikanisches Englisch. In dieser Sprachmelange haben viele Kulturen an der Wende vom

18. zum 19. Jahrhundert ihre Spuren hinterlassen. Und so bleibt auch für die nächsten Jahre und Jahrzehnte abzuwarten, wie sich die Zuwanderersprachen des 21. Jahrhunderts auf das neue Wienerisch auswirken werden. Sprachen und insbesondere deren Dialekte sind lebende Artikulationsformen, die ständig neue Töne produzieren, ohne deswegen ihre ursprüngliche Funktion zu verlieren. Es mag sich zwar der Klang verändern, aber nicht der Inhalt.

So gesehen ist der Wandel des Dialektes auch eine Generationen-Frage: Die jungen Wiener sprechen heute einen eher ans Hochdeutsche angelehnten Dialekt, stark infiltriert von einer Werbe-, Computer- und Medien-Speech.

Wenn im heutigen Wien eine 21-Jährige Informatik-Studentin zufällig auf YouTube oder Myspace den Knieriem-Monolog samt Weltuntergangs-Couplet aus Nestroys »Lumpazivagabundus« entdeckt, tippt sie danach in ihren Laptop:

»Anklicken, Sweetie! Voll lustig, i hab zwar no idea, was er meint, klingt aber ultracool« und mailt das an ihre ratlose Freundin in Düsseldorf. Die mailt ihr dann zurück und fragt: »Und auf was bist du gerade drauf?«

Die Wurschtigkeit des Augenblicks

Weltanschauung aus der Kaffeehaus-Perspektive

Ihr nennt es Anschauung
und macht Euch nur
das Leben leicht.
Arthur Schnitzler

Etwas Ur-Wienerisches, das uns schon vor längerer Zeit abhanden gekommen ist, wird zwar oft zitiert, aber selten auch richtig verstanden: Die Wiener Kaffeehausliteratur, die wie keine andere die Wiener Seele widerzuspiegeln vermag. Denn sie genügt sich selbst und ist im Bewusstsein ihrer eigenen Konsequenzlosigkeit verfasst. Sie übt zwar Kritik, klagt mitunter auch an und mischt sich ein. Bisweilen polemisiert sie sogar. Aber in keiner Sekunde denkt sie daran, sich selbst, den Tischnachbarn oder die ganze Welt verändern zu wollen. Viele dieser Texte offenbaren eine Grundhaltung, die schon Johann Nestroy kurz und prägnant mit nicht mehr als sechs Worten beschrieben hat: »Die edelste Nation ist die Resignation.« Nicht weniger scharfsichtig, wenn auch wortreicher hat das Alfred Polgar abgehandelt. In seiner »Theorie des Café Central« setzt er das Kaffeehaus mit einer Weltanschauung gleich, deren innerster Inhalt es ist, die Welt nicht anzuschauen. Und weiter:

> *An dieser Stätte der lockeren Beziehungen lockert sich auch die Beziehung zu Gott und den Sternen. Die Kreatur entschlüpft ihrem Zwangsverhältnis zum All in ein pflichtloses sinnliches Gelegenheitsverhältnis zum Nichts. Und in diesem genießt du die holde Wurschtigkeit des Augenblicks.*

Jörg Mauthe, der als einer der Letzten für sich in Anspruch nehmen konnte, ein Kaffeehausliterat zu sein, hat dieser Wurschtigkeit prophezeit, sie werde dereinst, von Österreich ausgehend, den globalen Zeitgeist bestimmen und eine Weltsicht prägen, »die durch gänzliche Unbestimmtheit und Ziellosigkeit« besticht:

Die Verösterreicherung beginnt … (und endet!) mit der plötzlichen und beglückenden Erkenntnis, dass nichts mehr wichtig, oder vielmehr, dass alles gleich wichtig oder gleich unwichtig ist.

Mauthes schrulliger Zeitgenosse, Joe Berger, der kein Kaffeehausliterat, sondern ein dort nur gelegentlich auftretender Spontan-Aktionist sein wollte, spricht in diesem Zusammenhang von der »rauen Ruhe des Austromysten« und meint damit den Homo Austriacus, der sich »jedwedem menschlichen oder natürlichen Klassifikationsbedürfnis« entzieht.

Mit dem geist des gerechten und vollkommenen, über jeden vernunftschluss erhaben und von bewunderung begleitet, zieht er sich in die seeligkeit seines allerinnersten zurück, wächst er mit sich selbst zusammen, erreicht er eine besondere, über sich selbst hinausgehende selbstfindung.

Und wenn Alfred Polgar konstatierte, das Café sei der rechte Ort für »Leute, die allein sein wollen, aber dazu Gesellschaft brauchen«, dann erklärt Joe Berger, warum das so ist. Der »Austromyste« habe einfach den Drang, sich selbst in dem anderen zu finden, um dann, wenn er sich dort gefunden hat, in sich selbst verloren zu sein. Denn solcher Art habe er dann gleichzeitig Österreich in sich gefunden. Und damit auch eine wirkungsvolle Waffe, um gegen die anderen vorgehen und gleichzeitig »in sich selbst verloren bleiben zu können«.
Verblüffend – die Ähnlichkeit dieser Betrachtungen mit dem, was Polgar »Beziehung als Nicht-Beziehung« oder auch »gegenseitiger Widerwille mit Bindekraft« nennt. Aber gerade diese »Bindekraft« stellt Thomas Bernhard in Abrede, wenn er sagt:

Ich habe die Wiener Kaffeehäuser immer gehasst, weil ich in ihnen mit Meinesgleichen konfrontiert gewesen bin. Das ist die Wahrheit. Und ich will ja nicht ununterbrochen mit mir konfrontiert sein, schon gar nicht im Kaffeehaus, in das ich ja gehe, damit ich mir entkomme ... Ich meide die Literatur, wo ich nur kann, weil ich mich selbst meide, wo ich nur kann ...

Stefan Zweig war da noch ganz anderer Meinung. Für ihn, der die letzte Glanzzeit des legendären Café Griensteidl noch miterlebt hat, war das die wahre Schule des Lebens und »die beste Bildungsstätte für alles Neue«. Also nicht das Gymnasium (wo er sich ohnehin nur fadisierte) und auch nicht das Elternhaus, sondern das Kaffeehaus. Dort sog Zweig im Kreise Gleichgesinnter gierig alles in sich auf, was er an Anregungen von den Älteren bekommen konnte. Um dann im Rückblick wehmütig zu resümieren:

Nichts hat so viel zur intellektuellen Beweglichkeit des Österreichers beigetragen, als dass er im Kaffeehaus sich über alle Vorgänge der Welt umfassend orientieren und sie zugleich im freundschaftlichen Kreise diskutieren konnte. Täglich saßen wir stundenlang, und nichts entging uns. Denn wir verfolgten dank der Kollektivität unserer Interessen den orbus pictus der künstlerischen Geschehnisse nicht mit zwei, sondern mit zwanzig bis vierzig Augen.

Trotz aller Übereinstimmungen in puncto Nonchalance und Aufgeklärtheit ging es an den Kaffeehaustischen aber nicht immer so harmonisch zu, wie Stefan Zweig das in seiner nostalgischen Reminiszenz an »die Welt von gestern« vermuten lassen würde. Da gab es auch Eitelkeiten und Rivalitäten, die sich täglich aufs Neue in ihrem Ehrgeiz überboten, ein Menü aus Bosheiten und Spitzfindigkeiten auszukochen, dessen Genuss dann – je nach Parteienstellung – entweder euphorisch akklamiert wurde oder aber schwere Verstimmungen auslösen konnte.

Auch der »Sprechsteller« Anton Kuh und das Reportergenie Egon Erwin Kisch verkehrten nicht unbedingt harmonisch miteinander. Als man Kisch einmal fragte, woran er am liebsten sterben würde, sagte er:

> *An einem Schlaganfall aus Freude über den Tod von Anton Kuh.*

Der wiederum schrieb lakonisch zurück:

> *Nur nicht gleich sachlich werden. Es geht ja auch persönlich.*

Dieser Aufforderung hätte es nicht bedurft. Einer Tagebucheintragung von Arthur Schnitzler ist zu entnehmen, dass die Geistesgrößen von damals nicht einmal vor Handgreiflichkeiten zurückschreckten:

> *Gestern Abend hat [Felix] Salten noch den kleinen [Karl] Kraus – der auch ihn angegriffen – geohrfeigt, was allseitig freudig begrüßt wurde.*

Beliebt war er also nicht, der »kleine Kraus«, der es fast schon als sportliche Disziplin betrieb, seine Kollegen – einzeln, aber auch pauschal – zu verhöhnen. Es säßen, so meinte er sarkastisch, im jungen Österreich die Talente so dicht an einem Kaffeehaustisch zusammen, dass sie einander gegenseitig an der Entfaltung hinderten. Als Resultat präziser Beobachtungen konstatierte Kraus:

> *… eine fast im Minutentakt anwachsende Verblödung eines Großteils der Menschen … angesichts dessen bestelle ich mir jetzt eine Melange. Und bis die kommt, ist die Menschheit wieder um 15 Minuten blöder geworden.*

Und es war ja auch ein Jahrmarkt der Eitelkeiten, der im ersten Drittel des 20. Jahrhunderts die Hochburgen der Wiener Kaffeehausliteratur bevölkerte: das Central, das Griensteidl und nicht zuletzt auch den Herrenhof. Dort traf man viele Adabeis und Parvenüs. Aber auch echte Poeten. Wobei die Letzteren für die Ersteren nichts als Spott und Hohn übrig hatten. So stichelte beispielsweise Arthur Schnitzler gegen

> *... diese Kaffeehausliteraten, denen am Vormittag nichts einfällt und die dann ihre Gedanken am Nachmittag untereinander austauschen.*

Dass die Kaffeehauspoeten bei all ihren Vorzügen doch auch in Gefahr waren, sich im Snobismus und intellektueller Hochstapelei zu verströmen, hat auch Anton Kuh erkannt. Auf die Frage, was ein Kaffeehausliterat sei, sagte er:

> *Ein Kaffeehausliterat ist ein Mensch, der Zeit hat, im Kaffeehaus über das nachzudenken, was die anderen draußen nicht erleben.*

Das Einzige, was die meisten Kaffeehausliteraten – abgesehen von ihrem schier unerschöpflichen Sprachwitz – gemeinsam hatten, war der ständige Mangel an Geld. Als sich Anton Kuh, der als besonders einfallsreicher Schnorrer galt, angesichts der zunehmenden Gräueltaten des Dritten Reichs dazu entschloss, nach Amerika zu emigrieren, antwortete er auf die Frage, wie er denn dort so ganz ohne Geld durchkommen wolle:

> *Keine Angst, Schnorrer werden überall gebraucht.*

Und ein Thema, über das Germanisten und Philosophen schon elend lange Traktate abgesondert haben, konnte Kuh auf ebenso gültige Weise in einem einzigen Satz zusammenfassen:

> *Nestroy steht insofern über Schopenhauer, als ihm für dessen Erkenntnis der Dialekt gut genug ist.*

Apropos Nestroy. Er galt zwar auch als eifriger Kaffeehausbesucher, dürfte sich dort aber eher auf das Kartenspiel konzentriert haben. Auch hätte er ein paar Jahrzehnte länger leben müssen,

um an der Blütezeit der Wiener Kaffeehausliteratur teilhaben zu können – dieser ebenso widersprüchlichen wie wechselhaften Epoche zwischen 1890 und 1938, also beginnend mit der Endzeit der Habsburger-Monarchie und endend mit dem Anschluss an das Dritte Reich. Der Club der toten Kaffeehausdichter aus dieser Zeit liest sich wie ein »Who is Who« der österreichischen und im Speziellen der Wiener Literaturgeschichte. Nicht nur Kuh gehört dazu, sondern auch Hofmannsthal, Bahr, Friedell, Polgar, Hammerschlag und der junge Torberg. Nicht zuletzt hatte auch der sarkastische und bissige Humor des Karl Kraus im Kaffeehaus seine geistige Heimat. Und wurde dort auch laufend geschärft.
Der kauzigste und gleichzeitig wohl poetischste aller Kaffeehausliteraten war zweifellos Peter Altenberg. Ein stets am Hungertuch nagender Exzentriker, der selbst im Winter barfuß in Sandalen zu gehen pflegte und hoffnungslos den großen Damen wie auch den einfachen Wiener Mädeln verfallen war. Als wahrer Meister der kleinen literarischen Skizzen und Porträts genoss er den Respekt fast aller Kollegen.
Er kam in das Café Central nicht nur, um sich zu unterhalten oder Zeitung zu lesen, er schrieb dort auch und führte die Adresse des Lokals sogar als seine Postanschrift: »Peter Altenberg, Café Central, Wien 1«.
Selbst der eher unfreundliche Anton Kuh nannte ihn voll Bewunderung »einen Afrikaforscher der Alltäglichkeit«. Und Egon Friedell schrieb über ihn:

> *Altenberg ist kein Lyriker, kein Epiker und kein Philosoph. Er ist ein Dichter. Ein Dichter und sonst nichts. Dies ist seine ganze Tätigkeit. Und weil er ein Dichter ist, darum musste er auch das Schicksal des Dichters haben: nämlich völlig missverstanden zu werden.*

In seinem 1918 in Berlin erschienenen Buch »Vita ipsa« zählt Altenberg einige bestechend logische Gründe auf, um ins Kaffeehaus zu gehen:

Du hast Sorgen, sei es diese, sei es jene – – – ins Kaffeehaus!
Sie kann, aus irgendeinem, wenn auch noch so plausiblen Grunde, nicht zu dir kommen – – – ins Kaffeehaus!
Du hast 400 Kronen Gehalt und gibst 500 aus – – – Kaffeehaus!
Du bist Beamter und wärest gern Arzt geworden – – – Kaffeehaus!
Du stehst innerlich vor dem Selbstmord – – – Kaffeehaus!
Du hasst und verachtest die Menschen und kannst sie dennoch nicht missen – – – Kaffeehaus!

Am berührendsten jedoch sind die Eingebungen des Augenblicks, die Altenberg in einer Art zu Papier brachte, die bisweilen an japanische Haikus erinnern und mit nur wenigen Worten ganze Gedankenwelten entstehen lassen.

Kein Mensch ist. Er wird!
Aber es gibt solche, die nicht werden können.
Die sind nicht.

Gott denkt in den Genies, träumt in den Dichtern, und schläft in allen übrigen Menschen.

»… weißt du schon, wer verstorben ist, Peter?«
»Nein«, knurrte Altenberg, »aber mir ist jeder recht.«

Morgens die Sonne erwarten, abends die Nacht!
Sonst nichts.
Das ist alles!

Die von Altenberg bevorzugte Form der literarischen Miniaturimpression ergibt sich aus der Spontaneität und Skizzenhaftigkeit der Kaffeehauseinfälle. Was der Dichter in adäquater Kürze, aber nicht weniger vehement verteidigt:

Bringen Sie Ihre Erkenntnisse doch in ein System, sagt ein Wohlmeinender zu mir. Erkenntnisse in ein System zu bringen, ist einige wenige lebensfähige Wahrheiten in einem toten Meer von Lügen ertränken wollen.

Aber gerade diese Ehrlichkeit zweifelte Arthur Schnitzler an. Für ihn war der große P. A. ein »außerordentlicher und wundervoller Dichter subtiler Impressionen«, gleichzeitig aber auch einer, der es mit der Wahrheit nicht immer so genau nimmt. Und noch schlimmer: ein Literat, der hart an der Grenze zur Scharlatanerie dahinschrammt, wenn es darum geht, mit seiner außerordentlichen Geistes- und Sprachbegabung den Kreis seiner Zuhörer zu beeindrucken – seien es nun Dichterkollegen, bürgerliche Bewunderer oder auch einfache Straßendirnen. In jedem Fall hat sich Altenberg nach Ansicht Schnitzlers seiner mit dem Sondertalent verbundenen Verantwortung entzogen, »aus der Sprache etwas Besseres zu machen. Und mit Worten so wenig zu lügen, als möglich ist«.
Die Frage der Dichtermoral am Beispiel Peter Altenbergs hat Arthur Schnitzler ein halbes Leben lang beschäftigt. Die Arbeiten an seiner Tragikkomödie »Das Wort«, dessen erster Akt »in einem kleinen Kaffeehaus, eigentlich in einem besseren Tschecherl spielt«, ziehen sich von den ersten Notizen im Jahr 1901 bis zu letzten Überarbeitungsansätzen im Todesjahr 1931. In dem fünfaktigen Werk lässt Schnitzler Altenberg in einer schillernden Poetenfigur namens Treuenhof sagen:

> *Der Dichter lebt davon, dass es zu viele Worte, der Geistreiche, dass es zu wenige Worte auf dieser Welt gibt.*

An anderer Stelle resümiert Altenberg, alias Treuenhof, mit selbstironischem Sarkasmus über sich und Seinesgleichen:

> *Intellektuelle sind es, Weltendüftler, Literaten mit einem Wort. Sie werden an ihren Sargdeckel klopfen und den Totengräber um Papier und Bleistift bitten, um die Sensationen während des Begräbnisses aufzuzeichnen.*

Vergleichsweise unproblematisch gestaltete sich ein poetischer Know-how-Transfer, der größtenteils am Kaffeehaustisch abgewickelt wurde. Dort traf Peter Hammerschlag, der Grenzgänger zwischen Genialität und Trivialität, auf seinen strengen Lehrmeister Friedrich Torberg, der ihn insgeheim um die Originalität seiner unfrisierten Verse und Gedanken beneidete. Die Gedichte des Peter Hammerschlag sind so, wie ihn seine Zeitgenossen auch als Person charakterisieren: sprachverspielt und wortverliebt, weltfremd und liebenswürdig versponnen. Wer käme sonst auf die Idee einer Ode an den Allerwertesten zu dichten:

Ist nicht Herzbrüderlein Popo
Dein treuester Geselle
Blick nicht vorbei, oh, sei nicht so,
Nimm ihn an Bruders Stelle …

Hammerschlags Freund und späterer Nachlass-Herausgeber, Friedrich Torberg, bemängelte an den Gedicht-Entwürfen, die ihm das Reim-Genie im Kaffeehaus unvermittelt unterbreitete, »formale Nachlässigkeit«, »Sprachschlampereien« und eine oft »dilettantische Art, mit Reim und Rhythmus umzugehen«. Hammerschlag wiederum, der seinem engsten Berater wegen dessen Prager Wurzeln den Spitznamen »Prokop« verpasste, überließ ihm die halbfertigen Reime vertrauensvoll zur Korrektur. Dies tat er auf die ihm eigene, kauzige Art – mit den kindisch-kecken Worten:

Prokoperl, bitte gedichti schneuzen!

»Und ich schneuzte«, erinnerte sich Friedrich Torberg später an diese Begegnungen, bei denen ihn das infantile Genie »mit der lächelnden Nachsicht behandelte, die man gegenüber einem Literaturbeamten an den Tag legt«. Zum Dank für die poetischen Perfektionsstunden bot der Groteskdichter seinem Coach eine Behandlung bei seinem Vater, dem HNO-Spezialisten Viktor Hammerschlag, an – für den Fall, dass er einmal »eine eitrige Mittelohrentzündung haben sollte«. Und er widmete ihm den Gedichtzyklus »Prokops Leitbüchlein« oder »Der Dornenweg und für solche, die es werden wollen«. Unter dem Titel »Prokop hält Circle« beschreibt er den Kreis, den

Torberg in den dreißiger Jahren im Café del' Europe um sich zu scharen pflegte:

Dort saßen sie finster, dort hockten sie bes
Auf Hosen, papierdünn und morsch
Im Staublinoleum des Lepra-Cafes
Stak knochig verankert ihr Orsch.

Friedrich Torberg ertrug die auf ihn gemünzten Spottgedichte mit der heiteren Gelassenheit eines großen Geistes, den nicht so bald was erschüttern kann. Schlimmer war es für ihn, in den Jahren der Emigration die gewohnte Wiener Kaffeequalität vermissen zu müssen. Und damit ein wichtiges Stück Lebensfreude – wie auch seine »Ode an den schwarzen Kaffee« beweist, in der er sich vor Begeisterung geradezu überschlägt. Unter anderem mit den Worten:

Wolle mir heiß und prickelnd die Seele durchrinnen,
Wandle mir, Bruder, trotzig die Nacht zum Tag!
Schirme mich ab nach außen, und strahle nach innen.
Wirke! Auf dass auch ich zu wirken vermag.

Gleich nach seiner Rückkehr erkundigte sich der Verfasser dieser hymnischen Zeilen bei Hans Weigel, welches Kaffeehaus in Wien eine nachtschwärmerfreundliche Sperrstunde habe, woraufhin Weigel ihm das Hawelka ans Herz legte. »Ja«, entgegnete Torberg sorgenvoll, »aber das hat ja auch nur bis zwei Uhr offen.«

In seiner Abwesenheit hatte sich mancherlei verändert. Das war nicht mehr die muntere kleine Kaffeehauswelt der Jahre vor 1938. Als Hitlers Truppen in Österreich einmarschierten, war die große Epoche der Wiener Kaffeehausliteratur mehr oder weniger gelaufen. Viele Dichter und Denker dieser Zeit waren jüdischer Herkunft und mussten bei Nacht und Nebel das Land verlassen. Einige emigrierten, andere begingen Selbstmord oder verschwanden unter bis heute nicht geklärten Umständen. Von einem geistigen Gesellschaftsleben konnte keine Rede mehr sein. Die meisten Kaffeehäuser waren geschlossen. Und die noch offen hatten, waren leer. Der jüdische Besitzer des Herrenhof – um nur ein Beispiel zu nennen – wurde enteignet, sein Café arisiert. Und ausgerechnet zu Beginn dieser albtraumhaften Zeit, im Jahr 1939, erwarb ein gewisser Herr Hawelka mit seiner Frau das heruntergekommene Café Ludwig in der Dorotheergasse. Aber der Ausbruch des Krieges im September 1939 zwang die Hawelkas, ihr neues Café kurz nach der Eröffnung gleich wieder zu schließen. 1945 stellten sie fest, dass ihr Kaffeehaus wie durch ein Wunder den Krieg ohne eine einzige zerbrochene Glasscheibe überlebt hatte, sodass sie es noch im Herbst desselben Jahres wiedereröffnen konnten.

Und so wurde das Hawelka zu einer Art Zufluchtsstätte, um nicht zu sagen Wohnzimmer für die Wiener Bohème der fünfziger und sechziger Jahre. Inzwischen ist es zu einer Institution geworden – einem legendären Kuriosum in der Stadtmitte. Ein Wiener Hot Spot für Bussi-Bussis, Kreative und Studenten, Stilikonen, echte Künstler und Möchtegerns sowie Pimpis und Puppis. Hawelka, das heißt genauer: Herr Leopold und seine Frau Josefine – wenn auch selig. Schöpferin der stadtbekannten Mitternachtsbuchteln, unermüdliche Platzanweiserin, Kellnerin, heimliche Chefin und Seele des Lokals. Sie wusste ihre Stammgäste würdig zu empfangen. Ihr je nach Situation leicht abwandelbarer Stehsatz hörte sich ungefähr so an:

> *Wünsche? Ah, scho g'hobt! – womit kann ich verdienen? Geh, Herr Eduard a Melange auf Regie! – Herr Doktor Fieder zum Telefon! Uje, jetzt is der no imma ned do! Kuman'S nur zu mir, i find no a Platzal für Sie! – Na, ins Tablett derf'en'S ma ned greifen. Do werd i ganz bes – Ah, die Frau Doktor. Wie geht's dem Herrn Gemahl? Gynäkologe is er, ned wahr? Ach so, Architekt. Naja, wurscht, können muaß er wos! – Do is er jo, der Doktor Fieder. I hobs jo g'wusst. Is er ned bei uns und a ned daham, dann is er am Weg zu uns!*

Es wäre ein schier endloses Unterfangen, die Namen der teils bekannten und teils verkannten Künstler aufzuzählen, die dort Stammgäste waren, schrieben und anschreiben ließen, sich stritten und wieder versöhnten, rezitierten und leicht angeheitert lallten, auf manchmal mehr und manchmal weniger hohem Niveau diskutierten. Er ist ein Rätsel, dieser Genius loci, der Maler und Musiker, Schriftsteller und Intellektuelle seit Jahrzehnten in seinen Bann zieht und einen Mann wie W. K. Strebel gar zu einem Schüttelreim inspirierte.

Man ahnt sofort, dass durch den Raum hier Musen schweben
Wo Damen am Gedicht – selbst wenn sie schmusen – weben.

Dieses »Geh ma Künstler schaun!« wurde Hans Weigel eines Tages zu viel. Er wechselte sein Stammcafé und erklärte auch warum:

Da erschienen die Bildreporter und entdeckten die pittoresken Valeurs der Lokalität … Daraufhin kamen die Zivilisten, um die Künstler lebend zu betrachten.

Und dann kam Georg Danzer und setzte dem Hawelka ein Denkmal mit einer originellen Songidee: Was wäre, wenn ein »Flitzer« dem Kultlokal einen Besuch abstattete?

geh wui, oiso pfui, andrerseits
a so a nackerter, hat a sein' reiz
mach ma halt a ausnahm'
san wir heut' ned grausam
weu ein bohemienlokal
pfeift auf spießbürgermoral
jö schau, so a sau, jössas na
was macht a nackerter im hawelka

In der Tat war das Hawelka ein geistig lebendiger Umschlagplatz für all jene, die mit dem spießbürgerlichen Mief der Nachkriegszeit nichts anzufangen wussten. Für H. C. Artmann war es eine »formidable Mischung aus Geist und Weingeist«.

Als der grenzgängerische Hermann Schürer einmal mit deutlich sichtbaren Entsorgungsspuren auf der Hose von den Nassräumen zurückkam, schleuderte ihm Josefine Hawelka entgegen:

> *Schürer, mein Lieber, danke, dass' auf's Klo gangen san. Aber des hätt'n 'S im Sitzen auch machen können. Und jetzt gemma, sie Saubartl, Abmarsch!*

Natürlich gab es damals, in den fünfziger und sechziger Jahren, auch andere Treffpunkte für Künstler und Intellektuelle. Wenige zwar, aber es gab sie. Das Café Dobner, das Café Anzengruber, das Café Sport, das Alt Wien, dann der Dauerbrenner, das Café Museum, und das Café Raimund, in dem Hans Weigel nahezu alles um sich versammelte, was sich wenige Jahre später »Österreichische Literatur« nennen durfte, wie beispielsweise Ingeborg Bachmann, Christine Busta, Jeannie Ebner und Herbert Eisenreich.

In den siebziger Jahren kamen dann das Kleine Café, das Bücke dich und die Hermi dazu. In den Achtzigern eröffneten die Wunderbar, das Santo Spirito, das Panigl und so weiter. Aber das waren bereits, wie schon die Namen verraten, eher Bars als Kaffeehäuser.

Die klassische Kaffeehausliteratur war ausgestorben und lebte nie wieder auf. Man hatte kein stationäres Stammcafé mehr, sondern spazierte durch das nächtliche Wien, streifte von da nach dort. Und das immer größer werdende Angebot an Szene-Lokalen machte es fast unmöglich, punktgenau die Plätze zu kennen, wo man auf Gleich- oder Andersgesinnte traf. Ein harter Kern von Austropopern hielt im Nana, im Bangerl, im Domizil und im Inkognito Hof, während die wirklichen Dichter wie Elfriede Gerstl, Robert Schindel, Ilse Aichinger oder Andreas Okopenko die neue In-Szene bestenfalls gelegentlich mit Besuchen beehrte.

Der letzte maßgebliche Literatenkreis hatte sich in den siebziger Jahren rund um Helmut Qualtinger gebildet: Wolfi Bauer, Joe Berger, Gert Jonke und manchmal auch: Peter Turrini. Ihre

häufigsten Treffpunkte waren der Grüne Anker und das Gutruf (wo ab Mitte der Achtziger auch Leute von weniger gutem Ruf ein- und ausgingen).
In der von Ernst Wolfram Marboe kreierten Fernsehreihe »Café Central« stellte Friedrich Torberg kurz vor seinem Tod im Jahr 1979 Überlegungen darüber an, warum das Kaffeehaus seine ehemals so wichtige Rolle eingebüßt hat, Kunstinteressierten und Kulturschaffenden eine Heimat zu sein: Erstens waren sie – im Vergleich zur Zwischenkriegszeit – »in ihrer Anzahl reduziert«. Und zweitens zeitlich eingeschränkt.

> *Sie sind beschäftigt. Sie haben zu tun. Sie sind nur noch potentielle Kaffeehaus-Stammgäste, keine praktischen mehr. Sie bringen alle Erfordernisse eines Stammgastes mit, nur sich selbst nicht. Sie haben keine Zeit. Und Zeithaben ist die wichtigste, die unerlässlichste Voraussetzung jeder Kaffeehauskultur.*

Wie Recht er doch hatte. Und der Faktor Zeit hat sich inzwischen noch schwer verschärft. Heute gibt es hunderte von Bars und Cafés in Wien. Dort sitzen mitunter auch Schriftsteller und Intellektuelle. Aber eben nur für kurze Zeit, einzeln und verteilt auf viele Lokalitäten. Handys und Laptops liegen vor ihnen am Tisch, sodass es aus allen Ecken nur so quäkt und piepst. Dabei schaut jeder aus, als müsste er schon längst wieder woanders sein. Aber das Kaffeehaus als muntere Geschichten-Börse und sprudelnde Informationsquelle ist längst obsolet geworden.
Was früher im Kleinen das Café Central war, ist heute im Großen das Café Internet. Da trifft man sich weltweit. Man informiert sich, tauscht sich aus, lästert, lobt und kritisiert, bleibt anonym und ist trotzdem voll dabei. Man mailt und smst. Und wenn der Akku leer ist, dann zahlt man und geht einfach. Das ist das Praktische daran, wenn man allein an einem Kaffeehaustisch sitzt. Das Kaffeehaus als Tempel der Musen und Quelle der Inspiration wurde abgelöst von der VIP-Lounge und den Snackbars auf Flughäfen, von Autobahnraststationen, Internetcafés,

Fast-Food-Ketten und allen möglichen anderen Plätzen, die im Dienste der Geschwindigkeit und Mobilität stehen. Denn Nachdenken kostet Zeit, Zeit ist Geld, und kaum einer hat das Glück, über beides zu verfügen.

Aber wer weiß? Vielleicht wird es einmal so etwas wie eine »Starbucks-Literatur« geben. Oder vegetarische Nichtraucher-Texte von global vernetzten Anti-Aging-Autoren, die »schwer« auf grünem Tee oder weiß der Himmel auf was sonst »drauf sind«.

Und irgendwann wird einer beim Internetsurfen unabsichtlich auf einen geistreichen Text von Alfred Polgar stoßen und amüsiert darüber lächeln, als wäre das ein verschrobenes Märchen aus einer längst vergangenen Zeit, die mit der heutigen so gut wie nichts mehr zu tun hat, wenn da beispielsweise geschrieben steht:

> *»Seit zehn Jahren sitzen die zwei jeden Tag stundenlang im Kaffeehaus.«*
> *»Das ist eine gute Ehe!«*
> *»Nein, das ist ein gutes Kaffeehaus.«*

Hier liegen Sie richtig!

Der Tod in Wien

Ich höre schon das Gras wachsen,
in das ich einmal beißen werd'.
Johann Nestroy

Die Wiener und der Tod, das ist fast so was wie eine bittersüße Liebesgeschichte. Eine ganz eigene Beziehung zum Sensenmann sagt man uns Wienern nach. Und manch einer meint sogar, dass Wien »dem Tod seine Stadt« sei.

Aber was hat es tatsächlich auf sich mit der viel zitierten »Todessehnsucht«?

Die Suizid-Statistik kann es wohl nicht sein. Hohe Selbstmordraten gibt es in anderen Großstädten auch, ohne dass man ihren Bewohnern deshalb gleich generell eine »Sehnsucht« unterstellt, vor der Zeit das Zeitliche segnen zu wollen. Das geht so weit, dass ein deutscher Ratgeber unter dem Titel »Gebrauchsanweisung für Österreicher« allen Ernstes folgende Behauptung aufstellt:

> *Er [der Österreicher] bewegt sich in einem Totenreich, wo das Leben reflektiert und karikiert wird, das Lebendige versteinert und das Versteinerte zum Leben zurückgerufen wird.*

Das ist nicht mehr als ein Klischee. Und wird dadurch nicht besser, dass man es ständig wiederholt und mit immer skurrileren Bildern versieht. So als ob der Wiener den Tod leben und das Leben verdrängen würde. Mumpiz! Auch der Wiener verdrängt den Tod. Aber – und das ist der ganze Unterschied – er weiß es. Er weiß, dass das mit der Verdrängung nur eine Zeitlang funktioniert. Schlag nach bei Ferdinand Raimund, Hobellied, dritte Strophe:

Zeigt sich der Tod einst mit Verlaub
Und sagt mir: »Brüderl, kumm!«
Dann stell' ich mich am Anfang taub
Und dreh' mich gar net um

Von Todessehnsucht keine Spur. Der Tischler Valentin räumt seinen Platz nicht gern. Aber er ist klug genug, sich dem Unausweichlichen zu stellen. Außerdem ist der Tod kein Fremder. Er begegnet ihm auf Augenhöhe und erweckt sogar den Eindruck, dass er es »letzten Endes« sogar gut mit ihm meint.

Doch sagt er »Lieber Valentin
Mach kane Umständ, geh!«
Da leg' ich meinen Hobel hin
Und sag' der Welt ade

Und wenn man es sportlich sehen will, dann geht der Wiener möglicherweise sogar als Punktesieger vom Feld, weil er bei seinem letzten Kampf von der irdischen Jury im Vergleich zu seinem übermächtigen Gegner die besseren Haltungsnoten bekommen hat.

Bleibt aber noch immer die Frage offen, woher die Mähr von der Todessehnsucht kommt. Zum einen könnte es das Wiener Faible für den opulenten Bestattungskult sein, besser bekannt als »schöne Leich'«, von der Karl Kraus meinte, dass sie die »schönste Entschädigung für dieses österreichische Leben« wäre.

Einen nicht unbeträchtlichen Anteil an diesem Klischee hat sicherlich auch die Wiener Fremdenverkehrswerbung, die eigene Führungen durchs morbide Wien anbietet.

An der Tendenz, in jedem Wiener einen potenziellen Selbstmörder zu vermuten, dürfte schließlich auch Sigmund Freud nicht ganz unbeteiligt gewesen sein. Der weltberühmte Seelendoktor hat der menschlichen Psyche doch tatsächlich einen Todestrieb unterstellt, der dem Lebenstrieb angeblich als gleichwertiger

Gegenpol gegenübersteht. Nun kann beim psychisch halbwegs gesunden Menschen zwar Entwarnung gegeben werden, weil da die lebensverneinenden Kräfte von den lebensbejahenden austariert werden, aber so genau wollte und will man es gar nicht wissen – der Todestrieb war nun einmal in der Welt und erst die moderne Psychologie hat ihn durch den Begriff Aggressionstrieb ersetzt.
Dabei war der lemminghafte Zug des Menschen schon zu Lebzeiten von Sigmund Freud nicht mehr ganz neu. Sagte doch schon Johann Nestroy:

> *Der Körper ist der hartnäckigste Anbeter des Lebens und lehnt sich auf gegen die Grabeswünsche der Seele.*

Woher diese »Grabeswünsche der Seele« kommen, damit hat sich der Tiefenpsychologe Erwin Ringel zeit seines Lebens und Schaffens beschäftigt. Eine seiner zehn Reden über die österreichische Seele widmet sich dem »Problem der Todesbewältigung am Beispiel Gustav Mahler«. Da zitiert er aus Briefen des geschätzten Meisters Sätze wie:

> *Die höchste Glut der freudigsten Lebenskraft und die verzehrendste Todessehnsucht, beide thronen abwechselnd in meinem Herzen. Eines weiß ich – so kann es nicht weitergehen.*

Für Ringel ist das nichts Ungesundes, sondern gerade bei schaffensfrohen Menschen ein ganz natürlicher Pendelschlag zwischen »größter innerer Unruhe und der Sehnsucht nach ewiger Ruhe«. Und außerdem:

> *Prüfen wir uns doch: Wollten wir hier auf Erden ewig leben? Das wäre ja die schlimmste Strafe für uns. Wüssten wir nicht um die Begrenztheit unserer Existenz, wir würden alles nur Erdenkliche tun, um den Tod zu finden. Sicher, wir wollen nicht heute, nicht morgen sterben …, aber irgendeinmal unbedingt, gemäß dem Satz des Heiligen Augustinus: »Unruhig ist unser Herz, bis es ruht in Dir, oh Gott.«*

Dem weniger Religiösen schaudert beim Gedanken an die ewige Langeweile. Im Umkehrschluss vermutet Johann Nestroy, an einem Ort, wo das Leben nichts biete, könne »der Tod nicht besonders schwer sein«. Und an anderer Stelle:

> *Ja, Tod, du bist eine eigene Sache, du Tod du. – Schauerlich durch Rätselhaftigkeit, und wärst vielleicht noch viel schauerlicher, wenn das Rätsel gelöst wär'.*

Und – so schließt der Meistersatiriker messerscharf: Wenn die Würmer reden könnten, dann würden sie uns flüstern, dass das von ihnen durchpflügte Erdreich anregungsarm und frei von Abwechslung ist. Die dort ruhenden menschlichen Überreste wüssten ein Lied davon zu singen. Aber möglicherweise trügt der Schein und uns erwartet nach dem Ableben alles andere als Langeweile. In ihrem Lied auf den Zentralfriedhof – damit gratulierten Wolfgang Ambros und Joesie Prokopetz 1974 zum hundertsten Bestandsjubiläum – wird dort allnächtlich Party gemacht und damit das alte Vorurteil untermauert, dass dieses Areal im Vergleich zu Zürich »halb so groß, aber doppelt so lustig« sei:

Es lebe der Zentralfriedhof
Und alle seine Tot'n
Da Eintritt is' für Lebende
Heut' ausnahmslos verbot'n …
Am Zentralfriedhof ist Stimmung
Wia's sein Lebtag no net war
Weil alle Tot'n feiern heut'
Seine ersten hundert Jahr'

Dem Tod auch eine unterhaltsame Seite abzugewinnen, war ganz im Sinne von Johann Nestroy. Schon er schwärmte von:

> *So ana Fidelität, wo gar der Tod si zersprageln hat müss'n vor Lachen.*

Und unwillkürlich lachen – das müssen auch die Gäste des Wiener Bestattungsmuseums, wenn der leitende Kurator Wittigo Keller sie jovial mit den Worten begrüßt:

Bei uns liegen Sie richtig!

Im Museumsshop verkaufen sie dann einen Friedhof als Bastelsatz und Bohrmehl von einem Sarg, den Rüsselkäfer unter der Michaelerkirche zerfressen haben, im Reagenzglas. Wenn Probeliegen im Sarg angeboten wird, stehen die Besucher in Dreierreihen an. In den Ausstellungsräumen hängen Bahrtücher aus Samt und Brokat, bestickt mit Goldfäden. Da gibt es Pferdeschmuck aus schwarzen Straußenfedern und einen Leichenwagen aus dem späten 19. Jahrhundert mit der Aufschrift »Enterprise des Pompes Funèbres«, aus der sich der Begriff »Pomfüneberer« ableitet. So wird noch heute in Wien der feierlich gekleidete Leichenbestatter genannt, der den Sarg in merkwürdiger postmoderner Gala begleitet.
Das Bestattungsmuseum zelebriert, was in Wien bis Anfang des 20. Jahrhunderts pompöses Ritual war und immer noch ein geflügeltes Wort ist: »die schöne Leich«. Es gab Sterbevereine und Sterbekassen. Man ließ den Staatsopernchor singen, die Leichen für ein Erinnerungsfoto inszenieren. Keller: »Man muss sich das vorstellen wie eine Theateraufführung.« Für prominente Beerdigungen wurden am Graben sogar Zimmer mit Aussicht vermietet. »Man stolperte«, so Keller, »täglich über den Tod.«
Dass der Wiener so sehr an einer würde- und prunkvollen Bestattungszeremonie hängt, mag daran liegen, dass man sie ihm verbieten wollte. Mit dem Prunk beim Begräbnis haben es Adel und Hof aufs Bizarrste übertrieben und das Volk eiferte dem natürlich – so gut es die eigenen Mittel erlaubten – nach. Kaiser Joseph II. wollte dem entgegenwirken, indem er den »Sparsarg« verordnete, eine Art wiederverwertbare Holzkiste, deren Boden aufklappbar war. Der Leichnam wurde im Grab »entsorgt«, der Sarg hochgezogen und konnte auf diese Weise mehrmals verwendet werden. Etwas pervers, aber effizient.

Die Wiener haben protestiert und sich gegen den Kaiser durchgesetzt. Bravo! Andererseits: In New York wurden sogenannte Klappsärge aus Platzmangel bis zum Anfang des 20. Jahrhunderts eingesetzt. Das war »business as usual«, ohne dass jemals einer eine Anekdote daraus gemacht hätte.
Die letzten großen Trauerfeierlichkeiten, bei denen halb Wien auf den Beinen war – der Rest hat das Event im Fernsehen verfolgt – waren die des legendären Bürgermeisters Helmut Zilk und davor die Beerdigung des größten Popstars, den Wien hervorgebracht hat: Hans Hölzl, besser bekannt als Falco. Einer seiner allerletzten Songs war »Out of the dark«.
Bei seinem letzten Life-Konzert hatte er diesen Song schon im Programm, obwohl der Titel zu diesem Zeitpunkt noch unveröffentlicht war. Er selbst hat damals zu seinem Produzenten Markus Spiegel gesagt: »Tote Künstler verkaufen sich besser.« Als er kurze Zeit darauf bei einem Autounfall ums Leben kam, stieg schon nach wenigen Wochen, sofort nach dem Erscheinen, das Album »Out of the dark« in Österreich auf Platz eins der Hitparade ein, wo es sich drei Monate lang hielt. Kein Wunder, wo doch dieser Titel plötzlich eine schicksalshaft tragische Bedeutung angenommen hatte:

Ich bin bereit, denn es ist Zeit
Für unseren Pakt über die Ewigkeit
Du bist schon da – ganz nah!
Ich kann dich spüren
Lass mich entführen
Ich schenk dir gestern heute morgen
Und dann schließt sich der Kreis
Und kein Weg zurück
Das weiße Licht rückt näher, Stück für Stück
Will mich ergeben
Muss ich denn sterben um zu leben?

Diese beziehungsvolle Verszeile hat eine berühmte Vorgängerin in Gustav Mahlers Aufstehungssymphonie, wo es heißt: »Sterben werd ich, um zu leben.« Erwin Ringel schließt daraus, dass es wohl der religiöse Glaube ist, der einen mit derartiger Sicherheit davon ausgehen lässt, dass mit dem Sterben das Leben erst wirklich anfängt.

In dem schon zitierten Buchklassiker von der »Österreichischen Seele« hat Ringel sein Fachgebiet vom »Selbstmordgefährdeten Menschen und seiner Umwelt« mit Liedertexten von Georg Kreisler illustriert. Denn der Songpoet beschreibt auf anschauliche Weise das, was auch der Psychoanalytiker immer wieder aufs Eindringlichste gepredigt hat. Nämlich dass zu jedem Selbstmord immer auch eine Umwelt gehört, die alle Warnsignale ignoriert und sich nachher besonders vehement darauf beruft, man habe dem Selbstmordkandidaten »nichts angemerkt«. Dabei hätte man sehr wohl etwas merken müssen, wenn man wachsam und einfühlsam gewesen wäre. Abgesehen von Ringels persönlicher Auswahl von Georg-Kreisler-Liedern, die uns eine Ahnung vom Innenleben selbstmordgefährdeter Menschen geben, lässt Kreisler in seinen Texten auch sonst den Tod gerne die Hauptrolle spielen. Denken wir nur an »Der Tod muss ein Wiener sein«. Oder an eine weniger bekannte Heurigenliedparodie:

Wonn i auf'd Nocht zum Wein geh
Dann fühl ich mich komplett
Und wonn i amol eingeh
Dann komm i hin im Bett
Do gibts zwoa nix zum erben –
I bin ja pensioniert –
Da sing ich nur vorm Sterben
Mein letztes Heurignliad:
Hollodero, hollodero
I brauch ka Weib, i brauch kan Wein, i lieg am Totenbett
Ich brauch ka Schnitzl und ka Gulasch und kan Strudl net
Ich brauch aus Grinzing keine Schrammelmusik, nur a Medizin
Sonst bin i heit auf'd Nocht no hin

I brauch ka Donau und kan Prater und kan Tegetthoff
Ich brauch an Einlauf und a Spritzn und an Sauerstoff
I brauch kan Woizer, i brauch net amol an English Walz
Bringt's mi ins Krankenhaus, die Krankenkassa zahlt's.

Georg Kreisler ist ein wahrer Meister seines Fachs. Vor allem wenn es darum geht, den fadenscheinigen Wienerlied-Kitsch, der in der Nachkriegszeit endgültig unerträglich wurde, mit seinen eigenen Mitteln zu schlagen. Aber bei den älteren Wienerliedern schimmert immer wieder eine gesunde Portion Witz durch, nicht selten sogar augenzwinkernde Selbstironie. So wie bei der Altwiener Volkssängerin Luise Montag, die nicht dafür garantieren wollte, dass sie nach ihrem Dahinscheiden zur (noch dazu ewigen) Ruhe kommt:

Wanns mi einst begraben tan, i stell mirs so vor,
Wird spieln beim Grab d' Musi, wern's singen an Chor.
Auf einmal wird's heißen: Wer gibt denn kan Fried?
Daweil werd das i' sein, denn i sing unt'n mit.

Der Tod als Fest – dieser Gedanke zieht sich hartnäckig durch die tausenden Wienerlieder, die Eduard Kremser in verdienstvoller Weise gesammelt und in den letzten Jahren der k. k. Monarchie herausgegeben hat. Im ersten der drei Bände findet sich eine langsam-getragene Walzermelodie:

Wann I amoi stirb, stirb, stirb,
Miass'n mi d'Fiaker trag'n
Und dabei d' Zithern schlag'n.
Weil I des liab, liab, liab,
Spüt's an Tanz laut und hell,
Oiweil fidel.

Weit weniger weihevoll klingt es, wenn eine zeitgenössische Wienerlied-Truppe, die sich »Die Strottern« nennt, mit folgender origineller Refrainzeile aufwartet:

I mecht die Leichenträger ärgern mit mein' G'wicht!

Der Publizist Günther Nenning schrieb einmal:

> *Wien ist die Hauptstadt des Lebens nach dem Tode – vielleicht, weil es die Hauptstadt eines Reiches war, das so kunstvoll unterging, dass darin die Gewähr für immer neue Auferstehung zu immer kunstvollerem Sterben liegt.*

Und er hat Recht: Vieles vom speziellen Verhältnis des Wieners zum Tod liegt in der Geschichte begründet. Sicher hat die Pest, die zwischen 800 und 1700 Wien mehrmals heimgesucht hat, diese Einstellung maßgeblich geprägt. Und nicht zu vergessen: die Türkenkriege. In einer Glosse über die »Dämonie der Gemütlichkeit« konstatiert Hilde Spiel:

> *Zweifellos hatte die Berührung mit dem türkischen Gegner, dessen Grausamkeit man am eigenen Leib erfuhr, verhängnisvolle Folgen. Als 1683 ganze Ortschaften von Kara Mustaphas Truppen ausgerottet wurden, gingen die Greueltaten nach deren Vertreibung in das Volksbewusstsein ein.*

Vier Jahre davor hatte in Wien die Pest gewütet. Den Bewohnern der Donaumetropole blieb also im ausgehenden 17. Jahrhundert wirklich »nix erspart«. Ein Zeitzeuge namens Feigius, der im Wiener Studentencorps selbst gegen die Türken gekämpft hatte, erinnert sich im Jahr 1694 an das todbringende Pestjahr 1679. Da seien die Straßen und Gassen, ja sogar die Weingärten mit Toten und Kranken übersät gewesen. Die Siechknechte hätten die Leichen zu den Massengräbern hinausgekarrt, wobei sich in den Wagenladungen auch Menschen befunden hätten, die noch mit dem Tode rangen. Und dann sei das Wunderbare passiert: die Errettung eines Sackpfeifers namens Augustin, der sich auf der Todesroute seinen Rausch ausschlafen wollte und irrtümlich in die Pestgrube geworfen worden sei:

> *… biß endlich mit anbrechendem Sonnenschein die Siechknechte sich eingefunden und ihm herrauß geholfen haben. So hat ihm dieses Nacht-Lager auch nicht das wenigste geschadet.*

Das Lied, das die Erinnerung an diesen denkwürdigen Vorfall über die Jahrhunderte hinweg erhalten hat, ist ein Hohelied der heiteren Überlebensstrategie, ein Jauchzer mit einem Blick ins Grab, der Pendelschlag zwischen Lust und Leid – ein Totentanz voll bacchantischer Verzweiflung und der zündende Hoffnungsfunke, dass der Untergang doch nicht die einzige Aussicht ist. Aus dem Augustin-Lied spricht die Todesangst einer ganzen Epoche. Die von Strophe zu Strophe eindringlicher werdende rondoartige Melodie mit ihren knapp verdichteten Worten aus düsterem Galgenhumor wurde zum ersten einigenden Aufschrei eines ganzen Volkes:

Jeden Tag war ein Fest
Aber jetzt hab'n wir d' Pest!
Nur ein großes Leichenfest,
Das ist der Rest.
Oh, Du lieber Augustin,
Leg nur ins Grab Dich hin.
Oh, Du mein herzliebes Wien,
Alles ist hin.

Das Selbstverständnis der Wiener, noch über den Rand des Grabes hinaus, heitere Überlebenskünstler zu sein, geht auf dieses legendäre Vorbild zurück. Und dass dieser »liebe« Augustin historisch nicht ganz erwiesen ist – was macht das schon? Fritz Grünbaum hat einmal über ihn gesagt:

Weil er ein Teil der Wiener Seele war und die Wiener Seele bekanntlich unsterblich ist, lebt er heute noch.

Unsterblich ist die Wiener Seele nicht zuletzt deshalb, weil sie den Himmel schon auf Erden gewissermaßen »vorgekostet« hat. Aber im »wirklichen« Himmel – da geht's erst so richtig los. Das meint beispielsweise auch André Heller mit ironischem Augenzwinkern in seiner wienerischen Version von Eric Claptons Song »Tears in heaven«.

Dan gibts jo a den Schubert und den Schönberg,
Und den Zappa und den Breslmaier
[wienerisch für Elvis Presley],
Und da könnt' ma jo canastern.
Im Himmel …
Und der heilige Joseph Roth wär' dort, und der Tschechow
Und der Kronprinz Rudolf wär durt, habe d' Ehre …
Nojo, und der Karl Farkas, und der Grünbaum,
boah, da rennert der Schmäh!
Durt im Himmel …
Das halberte Hawelka wär' durt, das Caféhaus,
Der Moldovan…
Der Aratym …
Wann ma si dauernd durt dann treffen,
Um halba Achte, glei' nebn' der Tür …
Im Himmel …

Weniger abgehoben ist das, was sich Elfriede Gerstl vom Himmel erwartet:

mein himmel ist hier und jetzt
mein himmel ist meine vorstellung vom himmel …
himmel ist das festgeknüpfte netz
ähnlich denkender und fühlender
und das glück ihm anzugehören
wenn es noch einen anderen himmel geben sollte
lasse ich mich überraschen

Ich hoffe, Elfriede Gerstl ist inzwischen in positiver Weise überrascht worden – indem sie der Himmel mehrfach für den Dichterruhm entschädigt, der ihr zu ihrer Lebzeit in Wien versagt geblieben ist.

Nur für Natur

Wind, Wald und Wasser in Wien

In Wien, da weht
Ein eig'ner Wind
Eine eig'ne Melodie!
D'rum laßt's uns bitte wie wir sind
Sonst dreht er sich – der Wind
ROBERT STOLZ

Wien ist eine windige Stadt. Aufgrund seiner geographischen und thermischen Gegebenheiten bläst einem in dieser Stadt zweihundertfünfzig Tage im Jahr ein Wind um die Ohren. Meistens kommt er aus dem Westen, aber verlassen kann man sich darauf nicht. Oft dreht er mehrmals am Tag, wechselt innerhalb weniger Stunden entgegen aller Prognosen die Richtung oder hört plötzlich überhaupt auf zu wehen. Herrscht für kurze Zeit Windstille in Wien, dann liegt die Stadt da wie bestellt und nicht abgeholt.

Wenn kein Wind geht, dann bleibt die Zeit stehen und scharrt mit den Hufen. Der Wiener, gewohnt, ständig angeweht zu werden und daher zu wissen, woher der Wind weht, ist dann ratlos, wird infolge dessen rasch resignativ und verfällt in Tatenlosigkeit.

In kaum einer anderen Metropole kann man die Windstille so sehr wahrnehmen wie in Wien. Es ist dann, als wäre der Stadt die Luft ausgegangen, die sie zum Atmen braucht. Wenn sich um den Wiener herum nicht einmal die Luft mehr bewegt, wozu soll er sich dann noch bewegen? Er bekommt Kopfschmerzen, wird mieselsüchtig und wartet auf die nächste Luftbewegung und sei sie auch nur ein »Lüfterl«, damit er endlich wieder auf Trab kommt. Im Unterschied zum Tiroler ist ihm selbst ein

Föhneinbruch willkommen, um endlich wieder über etwas jammern zu können (über etwas, was nicht stattfindet, kann man nicht gut raunzen).

Gemma schaun, gemma schaun
ob am Himmelhof der Sturm geht
ob der Vater zua sei'm Buam steht
wann der wo a Feuer legt …
André Heller

Es gibt einerseits politische, wirtschaftliche und kulturelle Windstillen und andererseits Applaus-Orkane im Hanappi-Stadion, wenn die Rapid-Viertelstunde eingeklatscht wird. Es gibt Stürme der Entrüstung im Parlament. Es gibt aber auch das Mailüfterl im Schönbrunner Schlosspark, das laut Georg Kreisler bei der älteren Bevölkerung sehr beliebt ist, weil man dann besonders gut Tauben vergiften kann. Vieles wurde und wird hier in den Wind geschrieben, weil der sich als Einziger nichts vorschreiben lässt und durch die Gassen pfeift, wo und wann er will.

Wann da Wind waht in die Goss'n
Wann da Wind waht am Land
Wann da Wind waht, do steckt er sei Köpferl in' Sand.
Arik Brauer

Der Wind lässt sich nicht festmachen, er ist daher auch so eine Art von himmlischem Patenonkel für diese Stadt, die sich ebenso wenig festmachen lässt und über die Michael Frank, der Korrespondent der »Süddeutschen Zeitung« schreibt:

Wien ist uneindeutig, nicht einfach einzuordnen. Das Königreich des Uneigentlichen.

Wen wundert es, wenn in dieser »uneindeutigen« Bundeshauptstadt so viel im Kreis geredet wird. Denn die Politiker sind seit jeher darin geübt, Fragen von Journalisten professionell und wortreich nicht zu beantworten. Wenn man sich das so anhört, kommt einem unwillkürlich Karl Kraus in den Sinn:

> *Die Gedankenfreiheit haben wir. Jetzt brauchen wir nur noch die Gedanken.*
>
> KARL KRAUS

Aber in den stürmischen Zeiten der Kontroversen, Skandale und Aufregungen, wenn die Wogen hoch und die Meinungen auseinandergehen, dann ist der Wiener in seinem Element. Wenn's drunter und drüber geht, dann fühlt er sich erst richtig wohl und läuft zur Höchstform auf. Einsame, sturmumtobte Gipfel sowohl der Geistlosigkeit als auch des Geistes vermag er dann zu erklimmen, um dort die Fahnen seiner Ahnen und Ahnungslosigkeiten zu hissen. Oder aber, still auf einem Felsen sitzend, lächelnd ins Tal hinunterzublicken.

In Wien verbreiten sich Gerüchte in Windeseile. Auch ist der Wiener ein Weltmeister im Weitererzählen von unüberprüfbaren Behauptungen oder nachbarschaftlichen Intimitäten aller Art. Bei der Schilderung von Verkehrsunfällen, Todesfällen und sonstigen gesellschaftlichen Ereignissen treibt seine Phantasie die unglaublichsten Blüten.

So schnell kann man gar nicht schauen, wie man in Wien über Nacht ein anderer wird. Gestern noch Geschmähte eröffnen morgen schon wieder ein Shopping-Center und Totgesagte flanieren in erstaunlicher Frische durch den Stadtpark. Wenn schon die Post und die Postämter in dieser Stadt nicht immer funktionieren, die »stille Post« funktioniert allemal prächtig. Wer, wann, wo und mit wem – vom Gemeindebau bis zum Parlament –, weiß der Wiener allemal oder glaubt zumindest, es zu wissen. Entweder hat's ihm ein kleiner Zeisig gezwitschert oder der Wind ins Ohr geflüstert. Wie auch immer, er weiß Bescheid. In Wien liegt dauernd etwas in der Luft, und sei es auch nur das Gerücht, dass der Wiener gerne heiße Luft verbreitet – getreu dem Shakespeare-Motto »Viel Lärm um nichts«.

Haben Sie gehört?
Alles ist verstört
Alles, alles ist verstört
Man munkelt, man munkelt
Darüber recht fatal
Es liegt in der Luft überhaupt sowas
Wie ein Skandal
AUS »DER VOGELHÄNDLER«, OPERETTE VON CARL ZELLER

Aber nicht nur Skandale liegen in der Luft, sondern auch die verschiedenartigsten Gerüche – Rosendüfte im Burggarten, Flieder in Sievering, Lángos im Wurstelprater und das einzigartige Waldaroma, das schon Adalbert Stifter in seinen »Wiener Elegien« bewundert hat:

Als wärest du in der Wildnis, nicht einen bis zwei Kilometer von einer der lebhaftesten Hauptstädte der Welt entfernt.

Der Wienerwald ist tatsächlich eine Rarität. Keine andere europäische Hauptstadt hat ein derart weitläufiges Paradies direkt vor der Haustür. Und gerade dieses grüne Himmelsgeschenk für eine Großstadt hätte abgeholzt werden sollen. Was der Mödlinger Bürgermeister Josef Schöffel (1832–1910) zu verhindern wusste. Daraufhin musste der Finanzminister, der in die damit verbundenen Spekulationsabsichten verwickelt war, auf unrühmliche Weise seinen Hut nehmen. Kaiser Franz Joseph soll ihn mit den Worten entlassen haben:

Mir scheint, Exzellenz sind unpässlich. Ich wünsch recht gute Erholung.

Ob der graue Schuft die ihm anempfohlene »Erholung« im geretteten Grüngürtel der Stadt gesucht hat, ist geschichtlich nicht näher erforscht.

Zu den Hügeln des Wienerwalds gehören unter anderem auch die beiden Hausberge der Wiener – der Leopoldsberg und der

Kahlenberg, von wo aus man an klaren Tagen über die Stadt und die Donau hinweg bis zu den kleinen Karpaten im Westen der Slowakei blicken kann.
Innerhalb dieses riesigen Areals liegt der Lainzer Tiergarten, ein Wildtierreservat, das Kaiser Joseph II. im Jahr 1782 mit einer 22 Kilometer langen Mauer eingrenzen ließ. Den Auftrag dazu erhielt ein Baumeister aus Alland namens Philipp Schlucker, der sich bei den Baukosten angeblich zu seinem Nachteil verkalkuliert hatte und seither als Ursprung für die Bezeichnung »armer Schlucker« herhalten muss. Ob das stimmt, weiß kein Mensch, am wenigsten die »armen Schlucker« in Wien.
In seiner Autobiographie schreibt Elias Canetti schon in den zwanziger Jahren:

> *Ich wollte Bäume haben, viele Bäume, und die ältesten Bäume, die ich in der Wiener Umgebung kannte, fanden sich im Lainzer Tiergarten. Die erste Annonce an die ich geriet, verwies mich auf die Nähe des Tiergartens.*

Wie auch immer, seit damals gibt es im Lainzer Tiergarten nicht nur Bäume, Wanderwege und Raststätten, sondern auch allerlei seltsames Getier. Rehe, Dachse, sogar Hirsche und Wildschweine können einem in diesem ehemaligen kaiserlichen Jagdrevier schon einmal unversehens entgegenkommen. Und da sich besonders ältere Herrschaften häufig im Lainzer Tiergarten herumtreiben, gilt er auch als »Jurassic-Park für Sedierte« (Urgesteinsablagerungen), was natürlich eine Gemeinheit ist, aber Gemeinheiten haben den Wiener noch nie von launigen Wortschöpfungen abgehalten.
In Wahrheit sind die von Natur aus gemütlichen Wildschweine inzwischen ständig auf der Flucht, um laut klingelnden Mountainbikern, kreischenden Kinderhorden, keuchenden Nordic-Walkern oder singenden Pensionistengruppen zu entkommen. Wenn ein Wiener auf ein Wildschwein trifft, sind beide Herzinfarkt gefährdet.
Dennoch werden besonders in den warmen Jahreszeiten die

Aussichtswarten, Liegewiesen und diversen Gastbetriebe von den Wienern gerne besucht. Wo sonst steigt man aus der Straßenbahn aus und begegnet bald darauf einer Wildsau, einem Fuchs oder gar einem Mufflon? Die leichte Erreichbarkeit und die Möglichkeit, nahtlos von der grauen Alltagswelt in die grüne Freizeitwelt einzudringen, machen den Lainzer Tiergarten zu einem Fluchtpunkt par excellence, sowohl für Mensch als auch für Tier, wenn auch aus unterschiedlichen Gründen.
Noch Ende der neunziger Jahre beschwerte sich ein Wortführer der FPÖ über die Ansiedlung von Mufflons im Lainzer Tiergarten mit dem Argument: »ausländische« (!) Wildschafe hätten in einem typisch Wiener Tiergarten nichts zu suchen. Unglaublich aber wahr! Aber Gott sei Dank gibt es im Lainzer Tiergarten nach wie vor Mufflons, obwohl sie schlecht Deutsch sprechen und keine Aufenthaltsgenehmigung haben. Aber das ist freilich eine andere Geschichte …

Im Winter, wenn man im tiefverschneiten Wald in absoluter Lautlosigkeit vor sich hin wandert und die kastaniengefüllten Krippen für das Rotwild die einzigen Zeichen menschlicher Nähe sind, dann kann dieser Wald zu einem zauberischen Tempel der Stille werden.

> *Wienerwald, Wienerwald – zauberischer Klang*
> *Wienerwald, Wienerwald – himmlischer Sang*
> ALTES WIENERLIED

Natürlich eignen sich die kleinen verschwiegenen Wegerln und Platzerln des Waldes, deren es abseits der Wanderwege und markierten Trampelpfade nach wie vor viele gibt, ganz besonders für Romantiker und Jungverliebte. Zahlreiche Lieder besingen den Wienerwald und dessen amouröse Komponenten. Eines der bekanntesten, kitschigsten und schönsten zugleich ist zweifellos:

> *Ich kenn' ein kleines Wegerl im Helenental,*
> *das ist für alte Ehepaare viel zu schmal,*

die Jungen aber müssen eing'hängt gehen,
und das ist schön, und das ist schön!
Das Gras, das dorten wachst, macht keinen grünen Fleck',
beim ersten Busserl schaun sogar die Bäume weg
Und kriegen dann als Dank dafür ein Herz mit Jahreszahl
Am lieben kleinen Wegerl im Helental!
Bei Baden, bei Baden, bei Baden bei Wien.
ALEXANDER STEINBRECHER

Sowohl von Hütteldorf als auch von Grinzing aus windet sich die berühmte Höhenstraße in vielen Serpentinen durch den Wald zum Kahlenberg hinauf. Links und rechts dieser Straße gibt es zahlreiche Parkplätze, von wo aus man einen herrlichen Blick auf Wien hinunter haben könnte, sofern man sie deswegen aufgesucht hat. Spätnachts jedoch, im Schutze der Dunkelheit, parken dort seltsamerweise viele Autos mit beschlagenen Scheiben, deren Insassen der Ausblick auf die Stadt völlig »wurscht« ist. Die Tiere des Waldes wundern sich dann ob quietschender Halbachsen-Geräusche. Die Polizei drückt meist gnädig ein Auge zu. Und so mancher Natur-Liebhaber kann am nächsten Tag sagen, dass er gestern das Paradies »von oben« gesehen hat.

»Kommens' gemma Schwammerl brocken.«
»Manen's vielleicht gar im Wald?«
»Also tuan's net so erschrocken,
Sie wird'n scho seh'n, dass Ihna g'fallt.«
HERMANN LEOPOLDI

Interessanterweise gilt der Wienerwald per se auch als Synonym für die Stadt Wien, die bloß an seinem Rand liegt. Wolfgang Ambros' Band nennt sich »Die Nummer 1 vom Wienerwald«, obwohl in den Songtexten kaum davon die Rede ist. Und Ödön von Horváths »Geschichten aus dem Wienerwald« spielen in der Wiener Vorstadt, aber nicht im Wald (die Ausflugs-Szene spielt in den Donau-Auen).
Es wäre ein grobes Missverständnis, den Waldgürtel rund um

Wien mit der weltweiten Lokalkette zu verwechseln, die Friedrich Jahn in den fünfziger und sechziger Jahren zu einem Symbol von Wiederaufbau und Wirtschaftswunder hochstilisiert hat:

> *Ein halbes Grillhendl im »Wienerwald« stellte genau die unmittelbare Selbstbelohnung dar, die sich damals im Aufschwung praktisch jeder leisten konnte.*

Im Zusammenhang mit der Naturverbundenheit von Wien ist die »schöne blaue« Donau ein geradezu unerschöpfliches Thema. Und das nicht nur, weil sich »Donaustrom« so schön auf Stephansdom reimt und der Donauwalzer von Johann Strauß nach wie vor als eine Art musikalische Visitenkarte Wiens rund um die Welt geht. Dabei ist die Weltklasse-Qualität dieser Komposition bei ihrer Premiere noch gar nicht erkannt worden. Da wollte es auch noch nicht mehr sein als eine Faschingseinlage des Wiener Männergesangsvereins. Von diesem Ereignis wurde später immer wieder behauptet, die ursprünglich als Chor-Walzer geplante Strauß-Komposition wäre bei ihrer Premiere »durchgefallen«. In Wahrheit haben die Wiener nur etwas verhaltener darauf reagiert, als das sonst bei den Neuschöpfungen ihres vergötterten Walzerkönigs der Fall war. Bei der historischen Beurteilung ist auch dem ursprünglichen Text des »Donauwalzers« aus der Feder des Vereinsdichters Joseph Weigl häufig Unrecht getan worden:

»Wiener seid froh.«
»Oho, wieso?«
»No so blickt nur um.«
»I bitt, warum?«

Das war eine Anspielung auf den desaströsen Ausgang der Schlacht von Königgrätz – und hat als satirische Tagesproduktion ihren punktuellen Zweck durchaus erfüllt. Was aber die angeblich »blaue« Donau betrifft – blau sieht man die Donau höchstens dann, wenn man es selber ist –, so hat ein anderer Liedertext damit die Sturheit ironisiert, mit der der Wiener auf seiner heilen Umwelt beharrt und sich das, was er liebt, »justament« schön färbt – auch und gerade dann, wenn die wahre Farbe eine ganz andere ist:

Das ist die Wiener Spezialität
Dass man als Wiener nicht untergeht
Sogar die Donau, die immer grau
Die sieht der Wiener blau, blau
Und justament blau

Und auch ein euphorischer Operettenchor aus Edmund Eyslers Operette »Die gold'ne Meisterin« verkündet voll Stolz:

Was singt, was lacht, was klingt
an der schönen blauen Donau.

Spätestens nach der Trockenlegung des einst riesigen, ständig unter Hochwasser stehenden, versumpften und mückenumsurrten Gebietes zwischen der Donau und dem Donaukanal, entstand eine idyllische Wasserlandschaft aus abgestorbenen ehemaligen Seitenarmen, die der Wiener seine »alte Donau« nennt und wo es tatsächlich schöne und vor allem einsame Strände gibt, urwaldartige Landstriche und einige Platzerln, die zurecht für Verliebte als Geheimtipp gelten.

Drunt' in der Lobau, wenn ich das Platzerl nur wüßt,
Drunt' in der Lobau hab ich ein Mädel geküsst;
Ihre Augerln war'n so blau
Als wie die Veigerln in der Au
Auf dem wunderlieben Platzerl in der Lobau!
Alexander Steinbrecher

Es fällt auf, dass von den Augerln und Veilchen bis hin zu Parteifarben und dem Wasser vieles blau zu sein scheint in Wien. Für die Gewässer der »alten Donau« gilt dies zumindest teilweise, daher laden sie auch ein zum Schwimmen, Rudern oder schlicht zum Verweilen in einem der ufernahen, kleinen Fischrestaurants.

Aufgrund seiner völkerverbindenen Lage und Länge (2850 Kilometer) spielte der Fluss als Transport- und Handelsweg seit jeher eine bedeutende Rolle, was bis zur Öffnung des Eisernen Vorhangs zu der bedauernden Feststellung geführt hat, dass die Donau ökonomisch gesehen in die falsche Richtung fließt. Und Peter Igelhoff machte 1939 einen Schlagertext von Erich Meder populär, bei der die Länge des Titels Weltrekordverdächtig ist:

Kein Lied war je so schön
wie das vom Donaudampfschifffahrtsgesellschaftskapitän
Er fährt die Donau lang
Und alle Mädel, die ihn sehen, werden liebeskrank
Er muss von Ort zu Ort, bei keiner kann er bleiben
Und weg'n dem langen Wort will ihm auch keine schreiben
Kaum hat man sich geseh'n
Heißt es: Aufwiederseh'n
Du lieber Donaudampfschifffahrtsgesellschaftskapitän

Bereits Anfang des 19. Jahrhunderts vereinnahmte der Wiener die Donau und reklamierte sie kurzerhand für sich allein, als »seinen Fluss«, der sich, wie sich herausstellen sollte, vortrefflich besingen, malen und beschreiben lässt.
Trotz ständiger Überschwemmungsgefahr entstanden sogenannte »Freiluft-Strände« (als gäb's auch »Hallenstrände«), Schrebergartensiedlungen mit pfahlbauartigen Häuschen und zahlreiche Sport- und Rudervereine. Die Wiener trotzten allen Unbillen, eroberten das riesige Sumpfgebiet und machten es, neben dem Prater und dem Wienerwald, zu einem weiteren Erholungsgebiet. Seither liegt Wien an der Donau. Das war die Geburtsstunde der »Donaugigerl«:

Das Rudern is mei Freud
das tu ich jederzeit
mit Eleganz und Schick
drum hab ich auch a Glück
Am Wasser, am Wasser, am Wasser bin i z'haus
Beim Rudern, beim Schwimmen, da kenn ich mich gut aus

Von der Früh' bis auf d' Nacht sitz ich im Schinakel drin
Weil i vom Donau-Karpfen-Klub der Obergigerl bin
CARL LORENS

Der letzte entscheidende Umbau in diesem weitläufigen Gebiet erfolgte zwischen 1972 und 1988, als man eine künstliche, zwanzig Kilometer lange Insel im Stadtgebiet von Wien und Klosterneuburg errichtete: die Donauinsel. Sie ist Teil des Wiener Hochwasserschutzes und sorgt zudem gemeinsam mit der Alten und Neuen Donau für das größte Freizeitsport-Angebot der Stadt.
An der »Copa Cagrana« vergnügt sich im Sommer beim Skaten, Bike-Jumpen und Surfen halb Wien. Genauer gesagt, die jungen Wiener tun dies, die älteren lassen es beim Tret- oder Elektroboot-Fahren auf der Alten Donau bewenden.

Stellt sich abschließend noch die Frage, ob Wien überhaupt »an der Donau« liegt. Linz und Krems, Bratislava und Budapest liegen an der Donau. Wien liegt bestenfalls am Donaukanal, einem südlichen Seitenarm der Donau, der im 19. Jahrhundert gegen Hochwasser und Treibeis ausgebaut und reguliert wurde. In seinem Buch »Jubel, Trubel, Österreich« kommt Egyd Gstättner zu dem Schluss:

Sie bleibt gewissermaßen naserümpfend immer am Rand … und stets hat man den Eindruck, am liebsten würde die Donau an Wien vorbei – und um Wien herumkommen … die Donau fließt, wo sie will. Man muss sie nehmen, wie sie ist. Sie fließt durch die Bundeshymne, und sie ist und bleibt der Hauptfluss Österreichs, nicht weil sie so breit und erhaben wäre, sondern weil sie so schlampig und patschert und sonderbar ist, mit einem Wort: so österreichisch.

Zwischen Eiernockerln und Ewigkeit

Ein bewegtes Nachwort

Es ist ewig schad' um mich
Ferdinand Raimund

Es gibt Momente, da möchte man weinen vor Glück, dass man in Wien lebt. Im Winter zum Beispiel, spät am Abend, wenn man am fast menschenleeren Josefsplatz steht und es ruhig schneit, wenn die erhabene Kulisse des Platzes in weiße Watte gepackt ist und nichts behaupten will, was nicht ohnehin wahrnehmbar wäre. Oder an einem lauen Frühlingsvormittag in der Prater Hauptallee, wenn der Flieder tatsächlich wieder blüht und das Lusthaus nach langer Winterpause wieder geöffnet hat und zum Brunch respektive zu einem Gabelfrühstück einlädt.
Man möchte weinen vor Glück in einer heißen Julinacht am Spittelberg, in einem der kleinen Restaurants und Cafés sitzend, umringt von praller Jugend und jahrhundertealten Fassaden.
Oder im Großen Musikvereinssaal am Vormittag des ersten Tages im neuen Jahr, wenn die Wiener Philharmoniker, dirigiert von einem der Besten des Faches, weltweit ein musikalisches Prosit wünschen und sechshundert Millionen Menschen dabei zuhören. Und völlig zu Recht weint der Wiener auch vor Glück, wenn er seine Stadt im Herbst von den Touristen zurückbekommen hat, graue Nebelschwaden durch die Grabreihen der Friedhöfe ziehen und er sich wieder ungestört ganz zuhause fühlen kann.
Am innigsten aber weint der Wiener vor Glück, wenn der Zwetschkenbaum seines Schrebergarten-Nachbarn endlich von selber eingegangen ist und er die feindlichen Zweige, die Jahr

für Jahr über seinen Zaun wachsen und sein Territorium bedrohten, nicht mehr heimlich absägen muss.
Er weint auch vor Glück, wenn der hysterisch dauerkläffende Pudel der Frau Vrbadil von der 3er-Stiege unglücklicherweise unter den Rasenmäher des halbblinden Hausbesorgers von der 5er-Stiege geraten ist. Und er weint vor Glück, wenn ausgerechnet jene Politiker, die er ohnehin nicht wählen wollte, prompt in patscherte Fettnäpfchen aller Art getreten sind und ihn dadurch in seinen düsteren Vorahnungen bestätigt haben.
Mit einem Wort: Der Wiener ist schnell und leicht zu Tränen gerührt, glücklich und stolz, sowohl auf das Große und Bedeutende in seiner Stadt als auch auf das Kleine und Erbärmliche. Eigentlich ist der Wiener von Natur aus zu Tränen gerührt – und zwar gnadenlos.
Dass er deswegen jedoch nahe am Wasser gebaut ist, kann man von ihm nicht wirklich behaupten. Sein Mitleid hält sich in jenen Grenzen, die von seinem Horizont vorgegeben sind. Und dieser musste sich einst notgedrungen von Triest auf die Alte Donau, von Galizien und Montenegro auf Mörbisch zurückziehen. Eine – zugegebenermaßen – radikale, geistige und geographische Abmagerungskur, die nur wenige Länder in diesem Ausmaß hinnehmen mussten. Daran kann die eine oder andere Generation schon einmal kiefeln, keine Frage. Aber irgendwann einmal muss auch damit Schluss sein, denn sonst beißt man sich die Zähne an der Vergangenheit aus und nuschelt sich zahnlos in die Zukunft.
Der Wiener hat alle Fährnisse der Zeiten teils mit einem blauen Auge und teils mit Bravour überlebt, mit Glück, Charme, Hinterlist, musischer Begabung, Verdrängungsmechanismen, Burenwurscht und Schweizer Messer. Er ist sozusagen ein historisch diplomierter Survival-Profi geworden, ein grenzgängerischer Seiltänzer zwischen vorgestern und übermorgen und ein Gipfelstürmer der Gegenwart ohne logische Hilfsmittel. Er weiß einerseits, was es heißt, sich in langen Nächten bibbernd vor Kälte stundenlang vor der Staatsoper um Stehplatzkarten anzustellen, und wettert gleichzeitig gegen die hohen Gagen

jener Sänger, um derentwillen er sich das antut. Beides ehrt ihn, aber dass sich zwischen diesen Verhaltensweisen eine merkwürdige Diskrepanz auftut, dessen ist er sich keineswegs bewusst. Mit traumwandlerischer Sicherheit schrammt er an Abgründen vorbei, schreit bisweilen förmlich nach einer »g'sunden Detsch'n« und will doch nichts als gestreichelt werden.
Sollte der Wiener dereinst wirklich einmal untergehen, was angesichts seiner multiplen Persönlichkeitsstruktur als eher unwahrscheinlich gelten kann, dann wäre es tatsächlich »ewig schad« um ihn. Aber nicht nur um ihn, sondern auch für ganz Europa.
Es wäre schade um diese seltsame Mischung aus Aufgeschlossenheit und bodenloser Ignoranz, aus dem schon so viel Kostbares entstanden ist und nach wie vor entsteht. Es wäre ewig schade um den lächerlichen Grant und den bildhaften Humor und um all die Widersprüchlichkeiten, die diese besondere Spezies namens »Wiener« umgeben, um ihre geistige Grandezza, ihren Wahnsinn und ihre Selbstverständlichkeit im Umgang mit Eiernockerln und der Ewigkeit.
Am meisten schade aber wär's um den Wiener, weil Wien dann kein Korrektiv mehr hätte, an dem sich die Stadt heute messen lässt und an dem sie gestern gewachsen ist.
Aber dazu wird es niemals kommen, das würde der Wiener auch nicht zulassen, denn dann wär's ja auch schade um alles, was er jemals geleistet, durchgemacht und letztendlich hinterlassen hat. Und das ist nicht wenig, wie wir und die Welt wissen.
Allerdings: Jenen typischen Wiener, wie er aus Anekdoten, Liedern, Gedichten und G'schichterln im Bewusstsein vieler Menschen immer noch verankert ist – den wird es definitiv so nicht mehr geben. Wie auch? Selbst in Wien drehen sich die Uhren weiter. Junge, nach vorne blickende und global vernetzte Wiener treten unbekümmert und eben nicht nach alter Tradition in die Fußstapfen ihrer Vorfahren; ob sie dieselben füllen können, wird die Zeit weisen. Dass sie es zumindest fühlen können, was Wien im Wesentlichen ausmacht, ist ihnen jederzeit zuzutrauen.
Wien: Das bedeutet gestern wie heute das Untertauchen und

gleichzeitige Aufgehen im »G'fühl« und im »G'spür« für das, was war und für das, was ist.

Wien. Das ist der einzigartige Platz, wo man mit der Vergangenheit leben und dennoch seiner Zeit voraus sein kann. Aus den Schatten der Vergangenheit strömen Erkenntnis und Erfahrung wie kulturelle Lava durch eine Metropole, die es sich erlauben kann, zurückgelehnt nach vorne zu blicken.
Wien – wo die Zeit verharrt und gleichzeitig mit ihren Hufen scharrt. Hightech bricht aus barocken Geschäftsfassaden hervor. Glas schneidet in Stein. Der alte Dom im Spiegel der Fenster von »coolen« Bars und Restaurants. Strenges und Verspieltes reichen einander die Hand und machen das Alte offen für die Auseinandersetzung mit der Moderne.
Seit jeher prägt Qualität den Lebensstil dieser Stadt. Im Großen und im Ganzen, im Kleinen und im Detail, in der Arbeit wie im Vergnügen, im Essen und im Trinken und schließlich in dem, was am allerwichtigsten ist: im Leben und im Leben lassen.

Bibliografie

Achleitner, Friedrich, H. C Artmann und Gerhard Rühm: *hosn rosn baa*. Wilhelm Frick Verlag, Wien 1959

Bahr, Hermann: *Wien*. Carl Krabbe Verlag, Stuttgart 2010 (Erstausgabe 1907)

Brandstetter, Alois (Hg.): *Österreichische Erzählungen des 20. Jahrhunderts*. Residenz Verlag, Salzburg 1984

Dor, Milo und Reinhard Federmann: *Der politische Witz*. dtv Verlag, München 1981

Eigl, Kurt und Wolfgang Klesl: *Lachendes Österreich*. Kremayr und Scheriau, Wien 1987

Freud, Sigmund: *Der Witz und seine Beziehung zum Unbewussten*. S. Fischer Taschenbuchverlag, Frankfurt/Main 1986 (Erstausgabe 1905)

Fried, Erich: *Mitunter sogar Lachen*. Klaus Wagenbach Verlag, Berlin 2010

Friedell, Egon: *Kultur ist Reichtum an Problemen*. Haffmans Verlag AG, Zürich 1988

Gilbert, Robert und Hermann Leopoldi: *Ja, da wär's halt gut, wenn man Englisch könnt'*. Weltmusik Ed., Wien 1940

Grillparzer, Franz: *Sämtliche Werke*. Hesse und Becker Verlag, Leipzig 1910

Gstättner, Egyd: *Jubel Trubel Österreich*. Amalthea Verlag, Wien 2009

Hackl, Erich: *Wien, Wien allein*. Luchterhand Literaturverlag, Hamburg 1993

Hammerschlag, Peter: *Der Mond schlug grad halb acht*. Paul Zsolnay Verlag, Wien/Hamburg 1972

Hein, Jürgen: *Wienerlieder. Von Raimund bis Georg Kreisler*. Reclam, Stuttgart 2002

Hewson, Elisabeth: *Heurigen G'schicht'n*. Pichler Verlag, Wien–Graz–Klagenfurt 2009

Hez, Peter: *Gestern war ein schöner Tag*. Österreichischer Bundesverlag, Wien 1985

Hintze, Christian (Hg.): *Falco Lyrics Complete*. Residenz Verlag, St. Pölten–Salzburg 2009

Hochwälder, Fritz: *Dramen (III)*. Styria Verlag, Graz–Wien–Köln 1979

Hofbauer, Peter: *Insel der Fröhlichen*. Carl Ueberreuter Verlag, Wien 1989

Holzer, Rudolf: *Wiener Volkshumor*. Wilhelm Andermann Verlag, Wien 1943

Italiaander, Rolf: *Wiener Cocktail*. Paul Zsolnay Verlag, Wien 1961 und 1980

Kahl, Kurt: *Johann Nestroy oder Der Wiener Shakespeare*. Molden Verlag, Wien 1970

Karl Farkas' Lachparade. Sendergruppe Rot-Weiß-Rot, Wien 1948

Kästner, Erich: *Heiterkeit in Dur und Moll*. Fackelträger Verlag, Hannover 1958 und 1979

Kreisler, Georg: *Ist Wien überflüssig?* Carl Ueberreuter Verlag, Wien 1987

Kreisler, Georg: *Lieder zum Fürchten. Nicht-arische Arien*. dtv, München 1969

Kremser, Eduard: *Wiener Lieder und Tänze*. Gerlach & Wiedling Verlag, Wien-Leipzig-New York 1912

Kuh, Anton: *Von Goethe abwärts*. Forum Verlag, o. O. 1963

Kürnberger, Ferdinand: *Wiener Meisterfeuilletons*. Wiener Verlag, Wien 1946

Leopoldi, Hermann, Hanns Haller und Peter Herz: *Am besten hat's ein Fixangestellter*. Verlag Adolf Robitschek, Wien–Leipzig 1935

Marzik, Trude: *A bissl Schwarz, a bissl Weiss, Gereimtes und Ungereimtes*. Paul Zsolnay Verlag, Wien-Hamburg 1972

Marzik, Trude: *Parallelgedichte*. Paul Zsolnay Verlag, Wien–Hamburg 1973

Mauthe, Jörg und Paul Flora: *Wien für Anfänger*. Diogenes Verlag, Zürich 1959

Muliar, Fritz: *Denk ich an Österreich*. Residenz Verlag, St. Pölten–Salzburg 2009

Okopenko, Andreas: *Warum sind die Latrinen so traurig?* Residenz Verlag, Salzburg-Wien 1986

Pauli, Ruth: *Man glaubt nicht, was der Mensch glaubt, was er für ein Mensch ist. Mit Nestroy durch das Jahr*. Novum Verlag, Himberg 2001

Polgar, Alfred: *Im Lauf der Zeit*. Rowohlt Taschenbuch Verlag, Hamburg 1954

Robitschek, Kurt und Hermann Leopoldi: *Die Novaks aus Prag*. Verlag Doblinger, Wien 1951

Schierer, Alfred und Thomas Zauner: *Sprechen Sie Österreichisch?* Carl Ueberreuter Verlag, Wien 2009

Schmid, Hans und Christian Grünwald (Hg.): *A la Carte. Wiener Beisln*. D&R Verlagsgesellschaft, Wien 2010 (2B/2010)

Schmid, Hans und Christian Grünwald (Hg.): *A la Carte. Wiener Märkte*. D&R Verlagsgesellschaft, Wien 2010 (2A/2010)

Schmid, Hans und Christian Grünwald (Hg.): *A la Carte. Wiener Wein*. D&R Verlagsgesellschaft, Wien 2010 (3B/2010)

Schnitzler, Arthur: *Jugend in Wien*. Fischer Taschenbuch Verlag, Frankfurt am Main 2006 (Erstauflage 1968)

Sebestyén, György: *Die schöne Wienerin*. Kurt Desch Verlag, München 1971

Singer, Herta: *Humor & Hamur*. Verlag für Jugend und Volk, Wien 1962

Skupy, Hans-Horst (Hg.): *Österreich Brevier*. Amalthea Verlag, Wien–München 1983

Spiel, Hilde: Wien. *Spektrum einer Stadt*. Verlag für Jugend und Volk, Wien 1971

Steinfest, Heinrich: *Gebrauchsanweisung für Österreich*. Piper Verlag, München 2008

Thiele, Johannes: *Das Österreichische Zitatenlexikon*. Styria Verlag, Graz–Wien–Köln 2001

Torberg, Friedrich: *Apropos*. LangenMüller Verlag, München–Wien 1981

Torberg, Friedrich: *Die Erben der Tante Jolesch*. LangenMüller Verlag, München–Wien 1978

Torberg, Friedrich: *Die Tante Jolesch oder Der Untergang des Abendlandes in Anekdoten*. LangenMüller Verlag, München–Wien 1975

Torberg, Friedrich: *Mensch, Meier! sagte der Lord*. LangenMüller Verlag, München–Wien o. J.

Vorrath, Erich: *Viel Vergnügen im alten Wien*. Carl Gerold's Sohn Verlagsbuchhandlung, Wien 2009

Wehle, Peter: *Der lachende Zweite*. Ueberreuter, Wien–Heidelberg 1983

Wehle, Peter: *Singen Sie Wienerisch?* Carl Ueberreuter Verlag, Wien 1986

Wehle, Peter: *Sprechen Sie Wienerisch?* Carl Ueberreuter Verlag, Wien–Heidelberg 1980

Weigel, Hans: *Flucht vor der Größe*. Styria Verlag, Graz–Wien–Köln 1987

Weigel, Hans: *O du mein Österreich*. dtv, München 1968

Weinheber, Josef: *Wien wörtlich*. Otto Müller Verlag, Salzburg 1985

Wickenburg, Erik G.: *Wiener Cocktail*. Paul Zsolnay Verlag, Wien–Hamburg 1960 und 1981

Wollschläger, Hans (Hg.): *Karl Kraus Lesebuch*. Diogenes Verlag, Zürich 1980

Diskografie

Benatzky, Ralph: *Ein Wiener Lied in New York*. Edition Felix G. Gerstman, New York City 1943

Kreisler, Georg: *Everblacks*. Preiserrecords, Wien 1997

Personenregister

Besuchen Sie uns im Internet unter
www.amalthea.at

Schutzumschlaggestaltung: Kurt Hamtil, verlagsbüro wien
Umschlagabbildung: Plakatentwurf für das Frühlingsfest
im Wiener Augarten im Mai 1908 von Valerie Petter
Herstellung: Franz Hanns
Gesetzt aus der 11/13,5 pt New Caledonia
Gedruckt in der EU

ISBN 978-3-85002-748-9